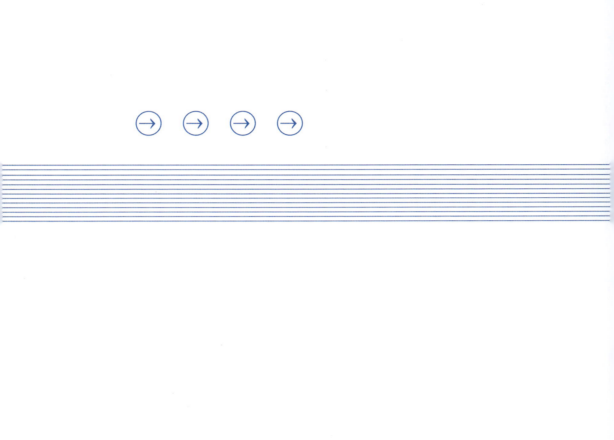

中国社会科学院国情调研丛书
CASS Series of National Conditions Investigation & Research

中国社会科学院国情调研丛书
CASS Series of National Conditions Investigation & Research

大湘西地区产业现代化路径研究

——基于四个典型区县的调研

Industrial Modernization of
the Western Hunan Province
—A Survey of Four Typical Counties (Districts)

李　平　张友国　蒋金荷　等著

经济管理出版社
ECONOMY & MANAGEMENT PUBLISHING HOUSE

图书在版编目（CIP）数据

大湘西地区产业现代化路径研究：基于四个典型区县的调研/李平等著 . —北京：经济管理出版社，2021.8

ISBN 978 - 7 - 5096 - 8201 - 2

Ⅰ. ①大… Ⅱ. ①李… Ⅲ. ①产业发展—研究—湘西—地区 Ⅳ. ①F269. 276. 4

中国版本图书馆 CIP 数据核字（2021）第 161989 号

组稿编辑：高　娅
责任编辑：高　娅　王玉林
责任印制：黄章平
责任校对：王淑卿

出版发行：经济管理出版社
　　　　　（北京市海淀区北蜂窝 8 号中雅大厦 A 座 11 层　100038）
网　　　址：www. E - mp. com. cn
电　　　话：（010）51915602
印　　　刷：唐山玺诚印务有限公司
经　　　销：新华书店
开　　　本：720mm × 1000mm/16
印　　　张：9. 25
字　　　数：138 千字
版　　　次：2021 年 8 月第 1 版　　2021 年 8 月第 1 次印刷
书　　　号：ISBN 978 - 7 - 5096 - 8201 - 2
定　　　价：78. 00 元

前　言

一、研究背景

建设现代经济体系是党的十九大提出的重要发展任务，而产业体系是经济体系的主体部分，因而党的十九届五中全会进一步提出要"加快发展现代产业体系，促进经济体系优化升级"。不过，由于中国地域广阔，各地区之间的资源禀赋、经济发展水平、产业结构、基础设施等存在明显差异，因此各地区的产业现代化道路理应呈现不同的模式和路径。相对而言，经济发达地区的产业体系可能已经接近现代化水平，能够比较顺利地实现产业现代化目标，但经济欠发达地区的产业现代化则可能面临较大的困难和挑战。那么欠发达地区目前的经济和产业发展水平如何，这些地区应如何加快产业现代化进程呢？这是本书试图探讨的问题。为此，本书选择了湖南省大湘西地区的四个区县进行了深入调研。

本书所指的大湘西地区是指，下辖张家界市、湘西自治州、怀化市、邵阳市、娄底市，以及永州市的江华县、江永县，常德市的石门县、桃源县，益阳市的安化县等市县[①]。从地理位置来看，大湘西地区地处湖南省西部，与湖北、重庆、贵州、广西交界，被武陵、雪峰两大山脉和云贵高原环绕，湖南省的四大水系中的沅水、澧水中上游及其支流在此汇聚。大湘西地区与长株潭、大湘南地区、洞庭湖地区共同构成湖南省的四大区域经济板块，它们的经济功能定位分别是大湘西武陵山片区国家扶贫攻坚示范区、长株潭城市群全国两型社会建设综合配套改革试验区、

---

① 根据湖南省发展和改革委员会颁布的《关于做好 2019 年大湘西地区文化生态旅游精品线路建设项目申报工作的通知》（湘发改西开〔2018〕1021 号）。

大湘南国家级承接产业转移示范区、洞庭湖生态经济区。

大湘西地区集革命老区、民族地区和贫困地区于一体，素有"五省边区"之称（"五省边区"一般指湘、鄂、渝、黔、桂五省市）。这一地区是湖南省岩溶山地分布区，气候条件属于亚热带季风性湿润气候，方言有湘语、西南官话、侗苗土家等。区域内包含四个机场、五个火车站，有两大高速公路及四大铁路经过，高等院校有五所。已初步形成了旅游、水电、矿业、建材、食品加工、医药六大支柱产业。面临新时代的发展要求，大湘西地区还有一系列困难亟待克服，突出表现在如下两方面：

一是经济增量小、人均收入低、发展基础薄弱。与湖南全省的经济格局相比，大湘西地区地域偏僻，交通不便，资源匮乏，土地贫瘠，发展滞后，属湖南省主要欠发达地区、生态脆弱区。根据《湖南统计年鉴（2019）》，2018年大湘西地区面积约81511平方千米，占全省总面积的38.5%左右，常住人口数为2046.93万人，占全省总人口数的29.7%，但国内生产总值只有6020.3亿元，占全省国内生产总值的16%，人均国内生产总值29445元，也仅相当于全省平均水平的56%。2018年大湘西地区实现地方财政收入348.63亿元，仅相当于当年全省地方财政收入比重的12.2%，社会消费品零售总额为2759.03亿元，仅相当于全省社会消费品零售总额的17.6%。特别地，2018年大湘西地区的经济增长率比湖南省其他三大经济板块要低0.4~0.5个百分点，增长相对乏力。

二是产业结构亟待优化。2018年大湘西地区的三次产业结构为10.67：39.46：49.87，"一产小、二产弱、三产不优"问题突出。党的十九届五中全会提出，要牢牢把握扩大内需这个战略基点。中国的国内市场需求正处于转型升级阶段，居民消费正在向多元化、高品质转型，但大湘西地区的产业多为传统产业，且缺乏龙头企业，战略性新兴产业规模小（或者说有企业无产业），现代服务业发展相对滞后，与国内发展形势不相匹配。此外，大湘西地区的科技创新能力也明显不足。

总的来看，大湘西地区的农业、工业以及旅游业发展都面临着技术投入不足、产业结构失衡以及管理水平滞后的问题，高质量发展背景下，亟待通过推动农业、工业以及旅游业现代化发展，促进产业高质量发展以及解决新时代大湘西地区所面临的经济不充分、不均衡的发展矛盾。基于大湘西地区的经济社会发展基本情况以及旅游产业发展的比较优势，未来有必要从农业现代化、工业现代化以及旅游业现代化三大目标发力，探索推动大湘西地区产业现代化的实现路径以及制定配套政策。

二、研究意义

本书项目具有重要的现实意义：

第一，推动大湘西地区产业现代化是构建现代产业体系的必要环节。党的十九大报告指出，高质量发展背景下，建设现代化经济体系要"着力加快建设实体经济、科技创新、现代金融、人力资源协同发展的产业体系"，产业现代化以先进技术应用为特征，而科技创新又是构建区域现代化经济体系最关键的投入要素。

第二，推动大湘西地区产业现代化是发挥农业、工业以及旅游业比较优势，提高产业发展效率，以及促进经济高质量发展的必然要求。有助于通过利用现代科学技术和现代工业来装备农业，用现代经济科学来管理农业，创造一个高产、优质、低耗的农业生态系统；有助于采用互联网、人工智能等现代化信息技术推动大湘西地区工业技术升级，以及采用现代化管理方式提高工业企业管理效率；有助于利用现代信息技术提高主要旅游区的品牌知名度以及营销管理水平，为消费者提供个性化差异化服务。

第三，推动大湘西地区产业现代化是精准脱贫的必要手段。作为武陵山连片特困地区，通过农业现代化促进农民增收、工业现代化以及旅游业现代化解决就业，有助于实现产业脱贫，打赢2020全面脱贫的攻坚战。

第四，推动大湘西地区产业现代化是推动省域及"大地理空间"协调发展的经济基础。有助于实现湖南省境内大湘西地区与长株潭、洞庭湖、大湘南地区的整体协调发展。此外，大湘西地区又是承接东西部、联结长江中下游和辐射华南经济区的枢纽区，具有突出的区位优势和重要的战略地位，推动产业现代化有助于从更大地理范围内实现区域协调发展。

第五，推动大湘西地区产业现代化是推动区域生态文明建设的必然要求。产业现代化通过技术改造升级，降低了对水、空气、环境以及生态的破坏影响。有助于提高农业经济效益，使湘西成为我国绿色有机农产品的重要生产基地和输出地，建立健全湘西绿色生态农业发展体系；有助于利用生态优势，进一步扶持做强旅游产业；有助于推动中药生产、整合矿产开采与加工业，以及做大做强绿色制造业。

三、研究方法与实施过程

大湘西地区包含 30 多个区县，选择哪些区县作为调研对象是本书首先要解决的问题。考虑到湘西自治州 8 县市和张家界市 1 县 2 区被国家纳入并享受西部大开发政策范围，这在一定程度上也意味着这几个区县的产业现代化所面临的困难和出路更具有代表性，因此本书选取了湘西自治州的保靖县、永顺县和张家界市的永定区、桑植县作为调研对象。

在具体研究中，课题组遵循如下思路（见图 0-1）：首先，通过对典型地区经济总体发展和产业发展现状的分析，阐述高质量发展背景下大湘

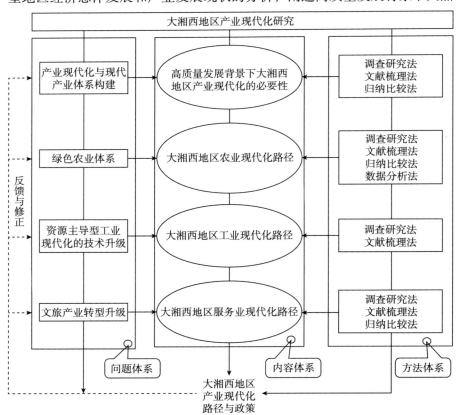

图 0-1 研究思路

西地区产业现代化的必要性。然后，循着三次产业顺序，依次探讨大湘西地区的农业现代化路径（绿色农业体系）、工业现代化路径（资源主导型工业现代化的技术升级）、服务业现代化路径（文旅产业转型升级）。研究所采用的具体方法包括调查研究法、文献梳理法、归纳比较法、数据分析法等。

为深入了解大湘西地区产业升级换代和产业现代化发展情况，发现、总结、推广当地有益的做法和经验，由中国社会科学院和湖南省社会科学院联合组成调研组于 2020 年 9 月 13 ~ 19 日赴张家界市和湘西自治州，通过召开座谈会、实地走访等形式对相关地区经济与产业现代化进行实地调研考察（见图 0 - 2、图 0 - 3）。本次国情调研课题组分为两个组：第一组主要调研张家界市的永定区和桑植县，第二组赴湘西自治州永顺县、保靖县。调研地区的党委、政府及相关部门为课题组提供了极大的便利，保障了本书的顺利实施①，特此感谢！

图 0 - 2　湖南大湘西地区产业现代化路径实地调研座谈会

资料来源：调研组拍摄于 2020 年 9 月 16 日。

———————————

① 报告所用的资料若无专门说明，均来自调研地区有关部门和湖南省社会科学院。

图 0 - 3　大湘西地区产业现代化路径永顺县实地调研座谈会

资料来源：调研组拍摄于 2020 年 9 月 14 日。

目　录

第 一 章

湘西自治州产业现代化

——基于保靖县和永顺县的调研报告①

第一节　湘西自治州经济社会发展概况

一、湘西自治州概况

（一）湘西自治州基本情况

湘西土家族苗族自治州，是湖南的 14 个地级行政区之一。湘西自治州首府驻吉首市，下辖 7 个县、1 个市、1 个经济开发区，有 115 个乡镇（街道），国土面积 1.55 万平方千米，总人口 300 万人，其中，以土家族、苗族为主的少数民族占 80%。湘西自治州是习近平总书记精准扶贫重要论述的首倡地，是长江经济带重要生态安全屏障，是国家西部开发区、国家承接产业转移示范区、武陵山片区区域发展与扶贫攻坚试点地区，是湖南"一带一部"的重要节点，是全国罕见的自然资源富集地，是湖南省唯一的少数民族自治州，是红色革命老区。湘西自治州所辖的 8 个县市分别为吉首市、泸溪县、凤凰县、花垣县、保靖县、古丈县、永顺县、龙山县。

全州山地面积占总面积的 70%，农业、水利、矿产等资源丰富，堪称华中"生物基因库"和"中药材宝库"，拥有中药材资源 2000 多种。湘西处于全国罕见的气候微生物发酵带、土壤富硒带和植物群落亚麻酸

---

① 本章执笔：蒋金荷、王红、孙博文、刘政、马露露。

带，"酒鬼酒""果王素""古丈毛尖""保靖黄金茶""湘西椪柑""湘西金叶"等都源于这宝贵的"三带"资源。全州水能资源理论蕴藏量达218.8万千瓦，其中可开发量162.7万千瓦，现已开发151.2万千瓦。州域内已勘查发现48个矿种、584处矿产地，其中锰、钒、汞、铝、紫砂陶土矿居湖南之首，锰矿居全国第二，铅锌矿居全国第三，钒矿遍及全州，有"锰都钒海"之称。初步探明页岩气储量4.8万亿立方米，占全省的70%，可采储量超过1.4万亿立方米，价值高达3.5万亿元，开发潜力巨大。

(二) 湘西自治州经济概况

近年来，湘西自治州生产总值稳定增长。2018年与2013年相比（见图1-1），国内生产总值从419亿元增长到605亿元，年均实际增长9.62%；从近5年的增长速度看，呈下降趋势，随着经济新常态的到来，湘西自治州进入调整结构、转型升级阶段。

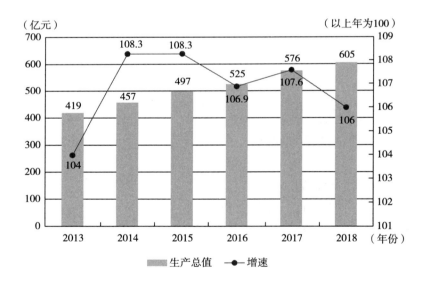

图1-1　2013~2018年湘西自治州经济发展情况

资料来源：湘西自治州统计局。

如图1-2所示，2018年与2013年相比，从三次产业看，第一产业产值从64.1亿元增长到79.8亿元，年均名义增长5.63%；第二产业产

值从 147.7 亿元增长到 171.6 亿元，年均名义增长 3.82%，其中工业产
值从 119.27 亿元增长到 133.09 亿元，年均名义增长 3.04%；第三产业
产值从 207.41 亿元增长到 353.58 亿元，年均名义增长 14.27%。人均国
内生产总值从 2013 年的 16170 元提高到 2018 年的 22885 元，年均名义增
长 9.06%。从三次产业的增长看，第三产业增长速度超过第一、第二产
业，成为带动经济发展的主要动力。

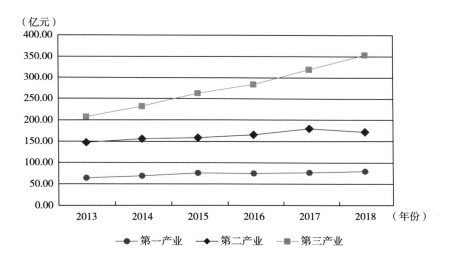

图 1 - 2　2013 ~ 2018 年湘西自治州第一、第二、第三产业发展情况

资料来源：湘西自治州统计局。

2015 ~ 2018 年，湘西自治州固定资产投资完成额总体情况如图 1 - 3
所示。2018 年，湘西自治州实现固定资产投资完成额 443.74 亿元，同比
增长 7.3%，其中项目投资完成额 293.7 亿元，同比增长 - 8.4%；房地
产开发投资 97.57 亿元，同比增长 121.8%；跨地区项目投资 52.47 亿
元，同比增长 41.0%。

二、保靖县经济社会发展概况

（一）保靖县基本情况

保靖县与永顺县接壤，同属于湘西土家族苗族自治州，总人口 31
万，世居主体民族有土家族和苗族 72399 人。下辖 10 个镇和 6 个乡，总

面积 1760.65 平方千米。保靖县是国家级贫困县,境内酉水河是湘西最神秘、最具特色、最具旅游开发前景的母亲河。境内有 60 余处景点。曾获得商务部"2018 年电子商务进农村综合示范县"荣誉称号,2020 年退出贫困县。境内核算总水量 124.86 亿立方米,有酉水和武水两大水系,其中酉水河是湘西境内最大的河流。水能资源理论蕴藏量为 48.42 万千瓦,可开发利用的水力资源发电量达 44.5 万千瓦。保靖县已开发水电站 29 处,装机 41 台,总装机容量 28.9 万千瓦,其中碗米坡水电厂总装机 24 万千瓦。境内已探明的矿产资源有 24 种,矿产地 90 余处。保靖县堪称野生动植物资源天然宝库,境内白云山保护区为国家级自然保护区。

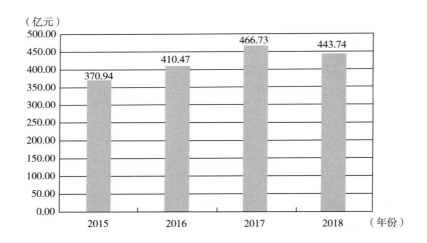

图 1 - 3　2015 ~ 2018 年湘西自治州固定资产投资额完成情况

资料来源:湘西自治州统计局。

(二)保靖县经济发展概况

1. 总体情况

2019 年,保靖县全县生产总值为 70.17 亿元。其中,第一产业增加值 9.74 亿元;第二产业增加值 24.62 亿元;第三产业增加值 35.81 亿元。按常住人口计算,人均生产总值 23898 元。

全县三次产业结构为 13.88∶35.09∶51.03。工业增加值占生产总值的比重为 27.6%;高新技术产业占生产总值的比重为 2.8%。第一、二、三次产业对经济增长的贡献率分别为 4.8%、36.3% 和 58.8%。其中,工业对经济增长的贡献率为 29.3%；建筑业对经济增长的贡献率为 6.9%；营利性服务业对经济增长的贡献率为 28.3%；非营利性服务业对经济的贡献率为 19.1%。规模工业用电量 11185 万千瓦时；万元规模工业增加值能耗 0.174 吨标准煤／万元，2019 年小康实现程度为 90%。

2. 农业和农村经济

近年来，保靖县农民可支配收入稳定增长，2018 年农民可支配收入为 9611 元，比上年增长 11%，在湘西自治州内排名第 3 位。如图 1 - 4 所示。

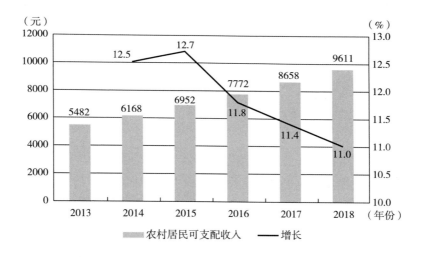

图 1 - 4　2013 ~ 2018 年保靖县农民可支配收入增长情况

资料来源：保靖县人民政府。

2019 年全县农、林、牧、渔、服务业总产值 16.96 亿元。其中，农业产值 11.34 亿元，林业产值 0.3 亿元，牧业产值 4.84 亿元，渔业产值 0.24 亿元，农业服务业产值 0.23 亿元。

全县粮食播种面积 25.7 万亩，油料种植面积 8.0 万亩，蔬菜种植面积 7.37 万亩。特色经济作物稳定快速发展，年末茶园面积 11 万亩，当年可采摘面积 8.0 万亩；柑橘面积 12.3 万亩。全县粮食总产量 9.05 万吨，其中水稻 5.3 万吨，薯类 1.15 万吨，玉米 2.4 万吨，豆类 0.2 万吨。茶叶产量 0.08 万吨，柑橘产量 11.95 万吨。畜牧业发展面临的困难相对较多，出栏生猪 12.21 万头，出栏牛 0.74 万头，出栏山羊 8.89 万只，出笼家禽 74 万羽。肉类产量 1.14 万吨，水产品产量 0.03 万吨。

基础设施逐步完善。财政农林水事务支出 6.88 亿元，全年开工各类水利工程 63 处，投入资金 2.25 亿元，完成水利工程土石方 22.53 万立方米。改善农田有效灌溉面积 1.39 千公顷，解决农村安全饮水人数 3.23 万人，全县 160 个建制村通村公路达到通畅标准。

农业产业化进程不断加快。全县农产品加工企业 106 家，其中，国家级农产品加工龙头企业 1 家、省级农产品加工龙头企业 1 家，州级农产品加工龙头企业 18 家。农产品加工企业实现销售收入 6.8 亿元，实现利润 2.5 亿元，上缴税金 0.8 亿元。农业专业合作社 1045 个，合作社成员 4 万人，带动非成员农户 4 万户，其中国家级示范社 5 个、省级示范社 14 个。

扶贫攻坚有力推进。全县 12 个贫困村出列、2832 户 10156 人脱贫，贫困发生率下降到 0.54%。

3. 工业

保靖县是中国最大的酒陶瓷包装容器生产基地，有"中南陶都"之美称。保靖陶瓷业已成为保靖富民强县的主导产业之一。

工业增加值 19.33 亿元。规模工业企业 31 家，当年新增 3 家，退出 3 家。规模工业增加值 10.06 亿元。规模工业增加值按经济类型分：国有企业增长 43.3%；股份制企业增长 17.4%；外商及港澳台企业下降 26.6%；其他经济类型企业下降 49.9%。在总计中，大中型工业企业下降 44.6%；国有控股企业增长 0.1%；非公有制工业增长 12.0%；省级工业集中区工业增长 60%。

电解锌 6.6 万吨、锌合金 1.7 万吨、硫酸 12.5 万吨、棉纱 1.3 万吨；电解锰 0.6 万吨、混凝土 33.7 万吨、水泥 5.8 万吨、日用陶瓷 1603 万件、水力发电量 6.1 亿千瓦时。规模工业企业主营业务收入 27.5 亿元，利税总额 0.4 亿元，企业用工总人数 3347 人。

4. 其他行业

国内贸易和物价方面，全县社会消费品零售总额 16.17 亿元。按销售单位所在地分，城镇消费品零售总额 11.43 亿元，农村消费品零售总额 4.74 亿元。按行业分，批发业 2.4 亿元、零售业 9.63 亿元、住宿业 1.3

亿元、餐饮业 2.84 亿元。

招商引资和旅游方面，全县开展招商引资活动 28 次，签约招商引资项目 13 个，合同引资 56 亿元，实际到位资金 6.81 亿元，项目开工率 70%。旅游事业取得新进步。吕洞山景区、白云山国家级自然保护区列入"土家苗乡峰林峡谷观光线"，入选大湘西地区旅游精品线路。陇木峒景区成功创建国家 AAA 级旅游景区，白云邨民宿实现营业，迁陵镇陇木峒村获全州"最美乡村"，乐和农庄被评为省四星级乡村旅游区（点），新印村等 12 个村被列入第五批中国传统村落，国茶村被评为州乡村旅游示范村，首八峒村旅游厕所被评为全州最美旅游厕所。全年接待游客 280 万人次，实现总收入 18 亿元。

交通运输和邮政方面，全县货运周转量 19240 万吨千米。旅客周转量 16224 万人千米，旅客运输量 255 万人，货物运输量 89 万吨。全县载货汽车拥有量 108 辆，载客汽车拥有量 234 辆。年末全县公路通车里程达 1642.8 千米。全县邮政业务总量 0.32 亿元，其中邮政业务收入 0.31 亿元。邮政行业主要服务能力：营业网点 17 处，邮路总长度 303 千米，农村投递路线长度 773 千米，城市投递路线长度 198 千米。

（三）保靖县社会发展概况

1. 教育和科技

全县有各类学校 82 所，其中教师发展中心 1 所（广播电视大学）、完全中学 3 所、普通中学 14 所、小学 28 所（教学点 84 个）、县职业中专学校 1 所……教师发展中心（广播电视大学）教职工 32 人；普通高中教职工 326 人，其中专任教师 305 人，新招学生 1425 人，毕业学生 1395 人，在校学生 4375 人；普通中学教职工 700，其中专任教师 687 人，新招学生 2928 人，毕业生 2895 人，在校学生 8619 人；小学教职工 1285 人，其中专任教师 1270 人，新招学生 2782 人，毕业学生 2991 人，在校学生 18405 人，小学适龄人口入学率 100%，小学辍学率 0%；县职业中专学校教职工人数 90 人，其中专任教师 84 人，新招学生 497 人，毕业学生 409 人，在校学生 1369 人。

小学升学率 100%，初中升学率 96.83%，高中升学率 98.69%。高考参考人数 1048 人，比上年增加 51 人，本科录取 514 人，比上年增加 64 人，录取率 49.05%，上升 3.91 个百分点，其中本一录取 248 人，本二录取 229 人，本三录取 37 人，较上年分别增加 53 人、15 人和 3 人。

全面实施学生资助全覆盖工作。建档立卡贫困学生资助率达 100%，特困家庭学生扶贫助学覆盖率达 100%。全年资助学生 6.8 万人次，发放资金 3736.65 万元。获社会和爱心人士捐赠 48 万元，募集教育基金 81 万元。

2019 年实施科技成果 5 项，申请专利 58 件，其中引进新项目、新技术 32 项。科技培训有声有色，共开办各类科技培训 167 期，培训人数达 8300 人次。送科技下乡备受青睐，全年集中开展科技下乡活动 3 次，无偿向农民发放各类技术资料和科学书籍 1.2 万多册，新聘农村科学技术特派员 85 人。

2. 文体和卫生

2019 年，全县有艺术表演团体 55 个，文化馆 1 个，全年演出 126 场次，其中送戏下乡 96 场次。公共图书馆 1 个，藏书 6.5 万册，年接待读者人数 5000 人次。电视台 1 家，有线电视用户 0.78 万户。年末广播综合人口覆盖率 98.2%，电视综合人口覆盖率 98.2%。列为国家级非物质文化遗产保护目录 9 个，省级保护目录 14 个。建成农家书屋共 160 个、文化信息资源共享基层网点 2 个。国家级文物保护单位 2 个，列入省级文物保护单位 4 个、州级文件保护单位 3 个、县级文物保护单位 19 个。

全县卫生机构 31 个，其中，医院 2 家，卫生院 25 个，妇幼保健院（所、站）1 个，卫生疾病防治院（所、站）2 个，卫生监督执法局 1 个。医院和卫生院实有床位 1348 张，卫生技术人员 1398 人，其中，执业医师和执业助理医师 498 人，注册护士 628 人。总诊疗人次 45.97 万人次，住院 4.8 万人次。年末有私营医院 3 个，个体诊所 31 个，私营医院及个体诊所从业人员 66 人；村卫生室 137 个，乡村医生 265 人。

全县开展全民健身项目 48 项次。新建农民体育健身工程的行政村 40 个，累计 160 个有体育健身工程设施建设。全年共获全国冠军 2 个，输送 21 名运动员进州队训练。体育场地 537 个，其中体育馆 1 座，标准运动场 4 个，篮球场 242 个，游泳池 1 个，各种训练房 2 个。

3. 人口、人民生活和社会保障

年末全县户籍总人口 30.44 万人，其中男性 15.96 万人，女性 14.71 万人，男女性别比为 108.5%。人口出生率 8.81‰，死亡率 3.87‰，人口自然增长率 4.94‰。人口年龄构成中，60 岁及以上人口占 18.8%。常住人口 29.02 万人，其中城镇人口 12.91 万人，农村人口 16.11 万人。城镇化率 44.5%，比上年提高 2 个百分点。

居民人均可支配收入 15643 元。其中，城镇居民人均可支配收入 24000 元，农村居民人均可支配收入 10563 元。城镇居民人均生活消费支出 17787 元。农村居民人均生活消费支出 12988 元。

2019 年末全县参加城镇基本养老保险职工人数 5.74 万人，其中，参加企业职工养老保险 1.3 万人，参加机关干部职工养老保险 0.67 万人，参加离退休人员养老保险 3.77 万人。参保城乡居民 16.4 万人，其中新参保人数 0.83 万人，60 岁以上的 4.48 万人（享受待遇人数）。参加城镇职工基本医疗保险人数 1.16 万人，参加城乡居民基本医疗保险人数 26.15 万人。参加失业保险职工人数 1.44 万人。年末领取失业保险金职工人数 697 人。

2019 年末各类敬老院 18 个，床位 714 张，收养五保老人 422 人。集中供养五保老人年标准达 6120 元/人/年，分散供养农村五保老人年标准达 4800 元/人/年，城市五保老人年标准达 7200 元/人/年。城镇居民最低生活保障标准（1～4 类）分别为 500 元、370 元、320 元和 280 元；农村居民最低生活保障标准（1～5 类）分别为 320 元、280 元、220 元、180 元、160 元。全年共发放城镇居民最低生活保障资金 2592 万元、农村居民最低生活保障资金 6130 万元。新增城镇就业人数 0.31 万人。全年销售社会福利彩票 4213 万元。城镇棚户区改造 616 户，农村危房改造 297 户。

4. 资源、环境和安全

全县已发现矿种 30 种，探明资源储量的矿种 3 种。实施地质勘查项目 2 个。耕地面积 2.15 万公顷，人均 1.09 亩。森林面积 106.39 千公顷，活立木蓄积量 435 万立方米，森林覆盖率 68.15%。

2019 年，国家和省地表水考核断面水质优良比例达到 100%，县域集中式饮用水水源地达标率 100%。农村连片环境综合治理示范村 68 个。加强企业污染综合治理，对 4 家企业进行排污监测。PM2.5 达标天数 346 天，达标率为 94.8%。

群众安全感进一步提升。2019 年共侦破各类刑事案件 284 起，抓获各类犯罪嫌疑人 362 人，其中逮捕 174 人，刑事拘留 237 人；抓获各类网上逃 52 人。受理行政案件 2456 起，查处 2169 起，查处各类违法人员 2277 人次，行政处罚 2211 人次，其中行政拘留 280 人次。受理治安案件 668 起，查处 373 起，查处各类违法人员 485 人次，治安处罚 419 人次，其中治安拘留 269 人次。

三、永顺县经济社会发展概况

（一）永顺县基本情况

永顺县位于湖南省西北部，湘西自治州东北部，东邻张家界市，西连龙山县、保靖县，北接桑植县，南邻古丈县，南北长 77 千米，东西宽 76 千米。地处云贵高原东侧，为亚热带季风山地湿润气候区，四季变化明显。永顺县是土家族的发源地及历史上土家王朝——老司城的所在地。境内的芙蓉镇景观秀丽、民族风情浓郁，还有记载土家族政治军事历史的国家重点保护文物"溪州铜柱"和电影《芙蓉镇》外景拍摄现场等人文景观。全县土地总面积 3810.63 平方千米，占全省面积的 1.8%，排列第 7 位，占自治州总面积的 25%，居自治州第 1 位。永顺县下辖 12 个镇、11 个乡。2018 年，永顺县常住人口 44.71 万人，实现地区生产总值（GDP）69.35 亿元，三次产业结构为 23.7∶21.9∶54.4，按常住人口计算，人均生产总值为 15523 元。

（二）永顺县经济发展概况

1. 总体情况

2019 年，永顺县实现地区生产总值 86.4 亿元。其中，第一产业 19.23 亿元、第二产业 15.36 亿元、第三产业 51.71 亿元；按常住人口计算，人均生产总值为 19372 元；全县三次产业结构调整为 22.3∶178∶59.9。财政收入 7.99 亿元，固定资产投资累计完成 307.4 亿元，社会消费品零售总额 47.27 亿元，金融机构存贷款余额分别为 150 亿元、98.9 亿元，城乡居民人均可支配收入达到 23499 元、8823 元。全县 190 个贫困村全部出列，累计脱贫 14.1 万人，贫苦发生率下降至 0.66%，顺利摘掉了贫困县的帽子，全面小康实现程度提高到 88.5%，永顺进入群众增收最快、获得感最强的时期。

如图 1-5 所示，近年来，永顺县固定资产投资完成额总体呈下降趋势。2018 年，永顺县实现固定资产投资完成额 44.43 亿元，同比增长

－5.1％，其中项目投资完成额 27.05 亿元，同比增长 4％，房地产开发投资 4.62 亿元，同比增长 －37.2％，跨地区项目投资 12.76 亿元，同比增长 33.8％。

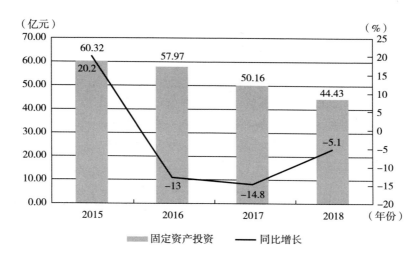

图 1－5　2015～2018 年永顺县固定资产投资额完成情况

资料来源：历年《永顺县国民经济和社会发展统计公报》。

2. 农业和农村经济

如图 1－6 所示，近年来，永顺县农民可支配收入稳定增长。2018 年农民可支配收入为 8043 元，比上年增长 12.2％，在湘西自治州内排名第 7 位。

全县农、林、牧、渔业总产值 33.2 亿元。其中，农业产值 21.8 亿元，林业产值 1.3 亿元，牧业产值 9.3 亿元，渔业产值 0.38 亿元，农林牧渔服务业产值 0.35 亿元。农、林、牧、渔、服务业比例为 65.7：4.0：28.0：1.2：1.1。农村居民人均可支配收入 8823 元。全县农作物播种面积 98.07 万亩，粮食总产量 21.8 万吨（见图 1－7），稻谷总产量 142014 吨。水果总面积 16.8 万亩，总产量 168619 吨。猕猴桃产量 48666 吨。

特色农业以创建国家现代农业产业园为抓手，大力实施"南提质、北扩面"行动，已完成油茶新造 4.5 万亩，茶叶扩面 2 万亩，猕猴桃品改 1.7 万亩、新造 2000 亩，柑橘新造 2000 亩、低改 3400 亩，力争年底特色产业基地规模达到 130 万亩。

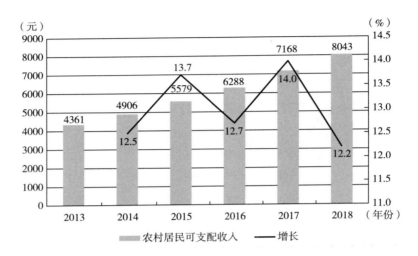

图 1-6 2013~2018 年永顺县农民可支配收入增长情况
资料来源：历年《永顺县国民经济和社会发展统计公报》。

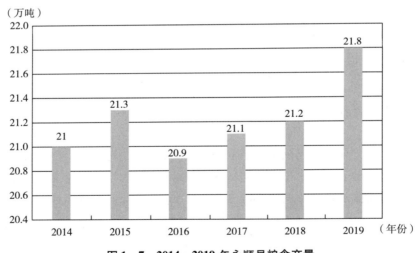

图 1-7 2014~2019 年永顺县粮食产量
资料来源：历年《永顺县国民经济和社会发展统计公报》。

产业园区方面，全县建成以猕猴桃、柑橘、油茶、茶叶等九大特色农业产业基地 120 万亩，打造万亩产业园 8 个、千亩产业园 69 个、百亩扶贫产业园 380 个,初步形成了"一乡一业""一村一品"的产业发展新格局。特色品牌建设方面,实现农产品地理标志登记 4 件、有机农产品认证 2 个、绿色农产品认证 23 个,打响了沃康山茶油、松柏大米、溪洲莓茶、湘西椪柑等知名品牌,创优了"果王素""沃康""御扇果王""湘果王""继福老大哥"等企业品牌。

3. 工业

2019 年,全县规模工业完成工业总产值 11.66 亿元,完成工业增加值 3.14 亿元,完成工业投资 4.2 亿元。规模以上工业企业达 27 家,实现工业总产值 10.68 亿元。规模以上工业主要产品产量有:精致实用植物油 518 吨,冷冻蔬菜 1946 吨,水泥 6.36 万吨,纱 3359 吨,合成复合肥料 379.7 吨,纸制品 1.4 万吨,饲料 1.53 万吨,鞋 32.66 万双,钢化玻璃 18.62 万平方米,中成药 52.34 吨,大米 5714 吨,砖 1850 万块,商品混凝土 34.54 万立方米。其中,建材和食品工业发展迅猛。具有规模以上建材企业 5 家、食品企业 8 家。建材企业实现工业产值 1.61 亿元,实现工业税收 637.28 万元。食品企业工业总产值达到 2.4 亿元,产值占比达到 20.58%,随着老爹生物、沃康油业二期、松柏米业、木房子腊肉等一批项目开工建设和建成投产,食品产业中规模工业总产值占比超过 40%。

新型工业突出,抓好转型升级,完成园区基础设施投资 8.1 亿元,建成标准厂房 10.55 万平方米,新增土地储备 660 亩,新增入园企业 8 家。完成工业投资 3.6 亿元,实现工业税收 4000 万元、工业用电 4100 万度,其中规模工业用电量 1500 万度。具有资质等级的吨总承包和专业承包建筑企业总产值 724332 万元,房屋施工面积 94.34 万平方千米,房屋新开工面积 31.77 万平方千米。工业园区建设方面,调规扩区完成发展方向区范围调整工作并经省自然厅批复,园区规划面积由 2.04 平方千米增至 4.82 平方千米(其中,芙蓉镇产业园增加 0.77 平方千米,猛洞河工业园增加 2.07 平方千米)。园区基础设施不断完善,累计建成标准厂房 30 余万平方米,水、电、路、通信、管网等相关功能性配套设施得到进一步加强,为稳步推进"企业入园",加快工业聚集发展提供了坚实基础。

4. 旅游业

永顺县历史文化悠久,旅游资源丰富。拥有湖南省首个世界文化遗产——老司城、中国历史文化名镇芙蓉镇、湘鄂川黔边革命根据地旧址等5处全国重点文物保护单位；中国土家第一村——双凤村等19个保护完好的中国传统村落，是800年土司文化的发源地之一，也是中国土家族发祥地。永顺县民俗风情浓郁。永顺是少数民族聚集地，土家族能歌善舞，具有独特的风俗。全县拥有土家摆手舞、打溜子、茅古斯舞等10项国家级非物质文化遗产，其中，茅古斯舞被誉为"中国舞蹈及戏剧最远源头和活化石"。土家织锦已成为游客珍藏佳品。土家族"舍巴节"等传统节庆活动丰富多彩、独具特色，被评为"中国最具特色民族节庆"。永顺县自然山水秀丽。猛洞河漂流被誉为"天下第一漂"，小溪国家级自然保护区是中南十三省唯一幸免第四纪冰川侵袭的原始次森林，不二门国家森林公园是县城的"天然盆景"，马拉河被驴友评为"户外天堂"。

旅游产业发展方面，全县共有国家4A级旅游景区3个、国家3A级旅游景区3个、省级五星级乡村旅游区点3个、省级四星级乡村旅游景点2个、省级三星级乡村旅游区点1个、省级二星级乡村旅游区点1个，县级重点景区7个。2019年全县接待游客832.85万人次，实现旅游总收入73.72亿元。

乡村旅游脱贫方面，围绕"土家探源"生态文化旅游精品线路建设，重点打造司城村、双凤村、那必村、西那村等9个乡村旅游示范村，同步推进了小溪村、场坪村等15个重点村的乡村旅游脱贫工作；创建了3家星级农家乐、3家特色民宿；推出了2个特色旅游商品。2019年，乡村旅游接待人次达270.93万人次，实现旅游收入达7.16亿元，带动脱贫人口1742人。旅游交通建设方面，张花高速、龙永高速、禁老公路、大湾至老司城公路建成通车，成功争取张吉怀高铁经芙蓉镇设站，旅游交通将进入了高铁时代。

旅游配套设施方面，高标准建成老司城、猛洞河、芙蓉镇3个游客服务中心，老司城生态停车场等7个停车场投入使用。全县旅游接待住宿床位数17562张，入住率72%，其中三星级酒店1家，二星级酒店3家。实施三年厕所革命计划，完成旅游厕所建设31座、公厕3座，其中A级厕所6座，在建景区第三卫生间5座，乡村旅游A级厕所23座。

旅游管理服务得到提高。组建永顺土司文化旅游集团，整合全县资源，实施"六统一"管理，做大做强永顺旅游产业。行业部门着力推进依法治旅、依法兴旅和依法护旅，创新旅游市场监管方式，规范旅游市场秩序。

5. 林业

永顺县是湖南省 72 个重点林区县之一，全县林业用地面积 476.36 万亩，占国土总面积的 83.3%，其中有林地 380.6 万亩，活立木蓄积量 1270 万立方米，森林覆盖率 73.82%。现有省级以上重点公益林面积 167.07 万亩。永顺围绕"生态优先、绿色发展"目标，突出生态林业、民生林业两大主题，优化生态建设布局，大力推进林业产业建设和森林资源保护。

造林绿化方面，自 2016 年以来，永顺县结合"绿色湘西"工程及"全州国家森林城市创建"，坚持"生态优先，绿色发展"发展理念，大力开展城区周边绿化提质和秀美村庄建设，取得了一定的成绩。目前，全县已建成 1 个溪州新城山体生态公园，打造完成 113 个秀美村庄建设，永顺县灵溪镇司城村、高坪乡场坪村入选第二届中国美丽乡村百家范例，灵溪镇司城村被评为 2016 年度全国生态文化村，塔卧镇获"2017 年森林中国·发现森林文化小镇"，芙蓉镇获 2019 年"湖南特色文旅小镇"称号，全县人居生态环境得到很大的改善。2016～2019 年全县共实施各类林业工程造林 83560 亩，其中石漠化综合治理 34299 亩，长江防护林工程 25700 亩，中央财政造林补贴项目人工造林 11000 亩，新一轮退耕还林工程 12000 亩。

资源保护方面，2016～2019 年累计办理林业案件 260 起，处理违法犯罪人员 240 人，收缴木材 248 立方米，有效遏制了乱砍滥伐等违法行为。通过实施"三年禁伐减伐行动"，全县落实 177.59 万亩的禁伐面积，划定天然商品林保护面积 55 万亩。2016 年 2 月县财政出资 2256 万元回购了原嘉熙公司所属的三家田、七里冲两个林场以及西岐乡土伴湖林场，并零采伐。进一步规范木材加工经营秩序，全县木材加工场所由 2014 年的 149 家减少至 49 家。进一步加强古树名木保护力度，建立古树名木保护体系，对全县 6587 株古树 152 个古树名木群落进行挂牌，建成全县古树名木基因数据库。同时，在湿地资源保护和修复方面实现新突破。2016 年 12 月，湖南永顺猛洞河国家湿地公园（试点）顺利通过评审，实现了全县湿地保护零的突破。

生态脱贫方面，按照生态补偿脱贫一批的要求，永顺县自 2016 年实施生态补偿脱贫工程以来，通过让有劳动能力的贫困人口就地转移成生态护林员的方式，累计安排生态转岗护林员共 6634 人次，已带动全县 19023 人脱贫。同时，搞好生态效益林的补偿，发放新一轮退耕还林及后续政策补偿资金 1.5 亿元，发放天然商品林保护补助资金 2700 万元，发放生态公益林补助资金 1.24 亿元，惠及全县 6 万多农户。

油茶产业方面，充分利用国家政策扶持和本地资源优势，加大对油茶产业建设扶贫开发力度。通过"3311"的发展模式，"十三五"时期，全县完成油茶新造 18 万亩，低产林改造 8.7 万亩，中幼林抚育 8100 亩。截至目前，全县现有油茶林面积 44.8 万亩，已投入产业建设资金 3.3 亿元，在石堤、灵溪、首车、万坪等乡镇已建成万亩油茶新造示范基地 4 个，低产林改造万亩示范园 1 个，累计带动农户 5.01 万户 18.11 万人，其中建档立卡贫困户 1.9 万户 7.2 万人实现稳定增收。在油茶精深加工生产建设方面，由湘西沃康油业有限公司投资 3.4 亿元，分两期建设，其中一期投资 1.4 亿元，二期投资 2 亿元。目前一期项目已建成投产，二期精深加工项目基础设施已完成。同时，加强本地油茶资源文化历史的传承和保护，2019 年县油茶、林、农牧复合种养系统申报的国家第五批重要农业文化遗产获批。

苗木建设方面，大力培育湿地松、杉木、油茶、樟树、栾树、桂花等造林用苗，全县新建良种育苗基地 3 个，五年来投资 117 万元，累计育苗 162 亩，产合格苗木 903 万株。

6. 其他行业

国内贸易方面，全县社会消费品零售总额 47.27 亿元。其中，批发零售贸易业 41.07 亿元。在批发零售贸易业中，限额以上完成 1.65 亿元，限额以下完成 39.4 亿元，餐饮业 4.08 亿元，住宿业 2.11 亿元；其中，城镇零售额 33.56 亿元，农村零售额 13.7 亿元。

对外经济方面，全县招商引资项目签订合同 7 个、框架协议 6 个。合同引资 55.65 亿元，省外境内到位资金 11.7 亿元。外贸出口 126 万美元，实现进口 240 万美元。

交通和邮电方面，全社会旅客运输量 711 万人次，旅客周转量 45019 万人千米，货物运输量 73 万吨，货运周转量 15780 万吨千米，公路通车里程 2508 千米，国家公路 123 千米，省公路 344.8 千米，县公路 327.6 千米，乡公路 790.3 千米，村公路 908.8 千米，专用公路 13.2 千米。

财政、金融和保险方面，全县实现财政总收入 79905 万元，税收收入 63834 万元，地方一般预算收入 46830 万元，财政支出完成 497784 万元。地方一般公共预算收入 46829 万元，其中，税收收入 30759 万元，增值税收入 4341 万元，企业所得税收入 4157 万元，非税收入 16071 万元。金融机构各项存款余额 150 亿元，其中，居民储蓄存款余额 116.1 亿元，各项贷款余额 98.9 亿元。保费收入 30492 万元，其中，人寿险 20414 万元，财产险保费收入 10078 万元。

居民收入、消费和社会保障方面，全县居民人均可支配收入 14167 元。城镇居民人均可支配收入 23499 元，其中，工资性收入 17180.46 元，经营净收入 1749.28 元，财产净收入 1872.28 元，转移净收入 2697.01 元。农村居民可支配收入 8823.01 元，其中，工资性收入 4609.92 元，经营净收入 2242.84 元，财产净收入 28.27 元，转移净收入 1941.97 元。全县居民人均消费支出 13707.06 元，全县城镇居民人均消费支出 18731.69 元，全县农村居民家庭人均消费支出 10829.62 元。全体居民恩格尔系数为 32.13%，城镇居民恩格尔系数为 29.67%，农村居民恩格尔系数为 34.57%。新增城镇就业人口 3458 人，农村劳动力转移就业 5580 人，城镇失业登记率稳定在 3.6% 左右。全县民生支出占财政一般公共预算支出的 75%，省定 12 件和县定 20 件民生实事全面完成。农村低保对象 22745 户 46621 人，城市低保对象 3070 户 6613 人。

重点项目建设方面，全县共完成重点项目动态储备 58 个、计划总投资 127.5 亿元，新储备土地 1530 余亩，出让土地 352 亩、收益 4.26 亿元，成功引进州级招商引资项目 6 个、实现合同引资 13.35 亿元。

生态文化旅游方面，重点抓好芙蓉镇、老司城、猛洞河、不二门、塔卧等景区景点提质升级，加快推进硕乐、陈家坡、洞坎、那必等 15 个乡村旅游重点村旅游基础设施建设，建成游客服务中心 9 个、星级旅游厕所 36 个、观景平台 63 处，改造特色民居 84 栋，在建星级酒店 4 家、高端民宿 26 家，特别是深入开展"湘西人游湘西""湖南人游湖南"活动，全县共接待游客 287.99 万人次，实现旅游总收入 25.5 亿元，旅游市场呈现火爆景象。

国土空间规划、编制方面，永顺县生态保护红线由 1253.93 平方千米调整为 1254.01 平方千米，占永顺县域面积的 32.91%；确定县域基本农田补划面积 7586.66 公顷，现有耕地 40200 公顷，永久基本农田 32154.86 公顷；划定城镇开发边界 58.9 平方千米，其中，城镇集中建设区 47.3 平方千米、城镇弹性发展区 5.14 平方千米、特别用途区 6.46 平方千米，为永顺长远发展预留充足的空间。截至目前，已完成国土空间规划编制工作方案制定、现状调研工作，形成 7 个专题研究初步成果，专题专项编制完成度达 80%，剩余专项预计 10 月底前完成初步成果。

整合、优化自然保护地方面，永顺县保留 4 个自然保护地（1 个国家级自然保护区，2 个国家森林自然公园，1 个国家湿地自然公园），实际落图面积为 57305.73 公顷，占国土总面积的 15.04%，增加了 68.87 公顷。

禁捕、退捕方面，重点水域控制范围主要涉及酉水湘西段翘嘴鲌国家级水产种质资源保护区永顺段（河流总长度 64.1 千米、面积约 2500 公顷，辖小溪、芙蓉、泽家 3 个乡镇）以及司城河吻鮈大眼鳜国家级水产种质资源保护区（河流总长度 58.5 千米、面积 869.6 公顷，辖灵溪、石堤、高坪、芙蓉 4 个乡镇）；澄清了禁捕退捕重点水域渔民底数，涉及渔民 451 户 1254 人、渔船 507 艘（专业捕捞渔民 17 户 45 人、渔船 24 艘，兼业捕捞渔民 434 户 1209 人、渔船 483 艘）。

第二节　保靖县和永顺县工业发展调研和分析

一、湘西自治州工业发展概况

（一）湘西自治州工业园区发展特色

2001 年创建的第一个经济开发区——吉首市乾州经济开发区（2006 年 2 月，更名为湖南吉首经济开发区），使湘西自治州工业发展建设迈出了重要的第一步。湘西自治州提出：推进新型工业化必须践行新发展理念，积极对接《中国制造 2025》，深入实施工业供给侧结构性改革，突出园区建设。工业园区作为湘西自治州工业发展的主要阵地，经过十几年发展及一系列改革，工业规模、综合实力站上一个新台阶，逐渐成为带动湘西自治州经济增长新动力，走出一条具有湘西特色的新型工业化道路。

1. 园区规模不断壮大

湘西自治州工业园区起步晚，十多年时间从无到有，从一个到九个，规模逐渐壮大。截至2016年6月，湘西自治州省级及以上开发区和省级工业园区达到9个，分别为3个经济开发区：湘西经济开发区、吉首经济开发区和永顺经济开发区；6个工业集中区：泸溪工业集中区（2016年已获批成为省级高新区）、花垣工业集中区、保靖工业集中区、凤凰工业集中区、龙山工业集中区、古丈工业集中区。企业数量也已今非昔比，达355户，创造就业岗位34100个；园区工业产值增加21.7亿元，占全州规模以上工业企业增加值的51.7%，实现税金3.6亿元。

2. 特色产业渐成规模

湘西自治州工业园区建设不断推进，产业链不断延伸，形成矿产品加工为主、特色产业为辅的发展模式。同时，电子信息、新材料、新能源等新兴产业发展较快，新中合、成聪软件、金天铝业、众鑫科技4家企业在"新三板"挂牌。湘西自治州有独特的生物资源，大力发展中药和新型中成药生产，采用先进技术，重点开发青蒿素、茶多酚、黄姜和红豆杉等产品。华方公司40吨至100吨青蒿素扩建，湘泉制药公司年产200吨中药饮片、武陵生态医药公司珍稀药物红豆杉生产线及系列产品综合开发等项目建设得到当地政府部门大力支持。依托生物制药特色产业，努力把开发区工业园建设成为湘西自治州乃至湖南省的中成药生产基地。

3. 承载能力明显增强

重点加强企业厂房建设和加大土地储备。2016年湘西自治州厂房新开工面积达116万平方米，打造公共平台和众创空间，服务于小微企业孵化壮大、创新创业。制定专项奖励政策，加大土地储备力度，2016年湘西自治州工业园区报批土地近8000亩，极大保障项目土地供应能力。加强园区公共服务平台建设，提高招商引资力度。前三季度累计服务小微企业300余家，其中，州中小企业服务中心进驻中介机构10家，签订合作协议单位29家。

4. 内生增长动力加强

湘西经开区华润雪花啤酒、湖南东方红装配式住宅产业园、泸溪县蓝天冶化电解锌扩建，保靖新中合光电光学晶圆和芯片研发生产，鹤盛原烟异地技改等一批园区重点产业项目进展顺利，不断为园区发展提供强大动力；奥鑫新能源汽车、鸿派科技、洁宝日化、东顺纸业、金天铝业、众鑫科技等26个产业项目相继落地，园区发展后续动力强劲；引进雪花啤酒、新中合、东方红湘西住宅产业化项目等200多家企业和重大项目落户园区。

5. 改革红利不断释放

按照"一权两制一司"模式推进园区管理体制改革。州经信委放开园区经济管理束缚，赋予园区县级经济管理权限，并大力推进改革园区投融资机制，积极实施PPP、股权合作、银信融资、组建基金等融资模式，拓宽融资渠道。2015～2017年，湘西自治州各县市、吉首经开区、湘西经开区与中铁城建集团、湖南建工集团、太平洋建设集团等大型央企、国企达成多项PPP项目建设投资协议，有力推动当地基础建设、园区开发建设。同时，湘西经开区"飞地经济"试点工作积极有序推进，发展空间得到有效拓展。

（二）湘西自治州工业转型发展重点

在国家促进区域协调发展的重大举措下，湘西自治州迎来承接产业转移示范区建设带来加快转型升级的政策机遇，作为示范区重要的组成部分，湘西自治州可发挥国家西部大开发政策、武陵山片区先试先行发展区域政策、湖南省唯一少数民族自治州政策、扶贫攻坚重点区域扶持政策、承接产业转移示范区政策等多种叠加的政策优势，大力引进先进地区创新型企业和先进制造业企业，以战略性新兴产业集聚发展基地为突破口，引导人才、技术、资本、土地等资源要素向战略性新兴产业集聚，发展壮大战略性新兴产业，构建现代化产业体系：

新材料。围绕矿业新材料品种，以高性能材料为重点，大力培育锰、锌、钒等新兴材料，重点发展先进储能材料、金属及合金材料、无机非金属材料、新能源材料、天然高分子材料等多种新材料，努力打造新材料产业家级产业集群。

生物医药。重点发展中药材提取、中药新药开发，大力发展高附加值生物医药和生物制剂产品，壮大民族医药产业，着力打造集生物医药产品研发、制造、商贸、现代服务等环节为一体的医药产业集聚区，将湘西自治州建设成为中国乃至世界闻名的中药材生产基地。

新一代信息技术产业。依托湘西高新区和吉首市电子信息优势，主动承接粤港澳大湾区、长三角等地电子信息产业转移，重点发展核心电子元器件、集成电路、智能终端、新一代信息通信技术、信息安全、物联网、消费类整机等产业，打造产业链条完整、创新能力突出、辐射带动作用强的武陵山片区重要电子信息产业化基地。

（三）湘西自治州工业发展现状和问题

湘西自治州由于地理、交通、投资政策等因素限制，工业发展极为落后，工业在三大产业比重过低。湘西自治州工业建设起步较晚，经过十几年的发展，工业逐渐形成了一定的规模，并具有自己的发展特色。

1. 工业发展起步晚

湘西自治州地处偏远，工业基础薄弱，在 2001 年创建第一个经济开发区，相关配套设施没有完善，如路网情况、供气情况等公共设施不齐全，且工业园区开发不久，入驻企业不多，没有形成大规模集中效应，公司行业分布不合理，没有形成有效的产业链，运营过程浪费大量人力财力，导致企业生产成本高。湘西自治州虽实现了工业由初级向中级迈进的历史性跨越，但目前只创建 6 家企业技术中心、29 家高新技术企业和 17 家新材料企业。

2. 产业结构不合理

随着湘西自治州近几年招商引资的力度加大，产业规模快速增长，同时也导致结构不尽合理的问题发生。发展前期，由于没有合理的产业规划，湘西自治州房地产项目多，生产性项目少；低端制造的密集型企业多，高端技术制造的集约型企业少；小规模企业多，大规模企业少。调查结果表明，一是利用资源优势转化为高利润的采掘业，成为市场投资的热点，而资金周转周期长、低利润的农林牧渔业，投资热情不高；二是"短、平、快"项目如餐饮娱乐、服务业等，备受投资商青睐，而影响湘西自治州发展的基础设施建设产业，增长态势疲软，备受资金冷落；三是公益事业、社会福利事业等，这些对外有显著宣传效果的行业引资比重极不理想，仅占 5.21%，远远落后于湘西自治州经济社会发展需要。

3. 支柱产业生产下滑

锰、锌矿产业是湘西自治州州工业主导行业，锰、锌矿产业经济总量一直占湘西自治州工业经济总量的60%以上。近几年锰、锌产品受出厂品价格持续下滑影响,产能得不到释放,企业利润空间逐步萎缩,锰、锌企业生产举步维艰。2011～2015年,规模工业矿产业增加值增速由11.3%持续下滑至-15.7%;矿产业增加值总量由74.5亿元持续下滑至34.1亿元,总量下降了40.4亿元;矿产业增加值占规模工业比重由2011年的81.6%下滑至2015年的59.1%。

(四)湘西自治州工业发展新举措

近年来,湘西自治州工业经济面临增速回落、效益下滑、产能过剩、停产企业多、生产效率提升日益困难等一系列问题。工业发展是一个地区经济发展的重要推动力,增强湘西自治州工业经济持续增长动力,成为当前亟须研究的重要现实问题。

1. 加强发展园区经济

用好湖南省《关于支持加快民族地区产业园区建设发展的若干政策》等系列支持园区发展的政策,积极谋划出台"园区发展意见""推进园区转型升级实施方案"等促进园区发展的政策性文件,按照"一权两制一司"模式,推进园区扩权强园。推进园区投融资模式创新,积极推广、应用PPP等融资模式,拓宽融资渠道,缓解园区建设资金压力。加快中小企业公共服务平台建设,优化园区服务环境,激发园区发展活力。推进工业园区100万平方米标准厂房建设,加快厂房交付进度,提高厂房入驻率。

2. 加快工业转型升级

推进供给侧结构性改革,坚持加快传统产业改造优化升级,淘汰落后产能,积极培育和发展高端产业,切实降低企业成本,激发工业企业的内在活力,着力实现工业经济提质增效、转型升级。坚持把优化产业结构作为主攻方向,以新材料、新技术、新能源、新工艺为引领,改造提升湘西自治州传统优势产业,促进产业集群集聚发展。

3. 加大招商引资力度

建立完善工业招商项目库,加强园区对外合作,抓住西部大开发机遇,积极承接产业转移。培育发展一批战略性新兴产业,进一步做大做强食品加工、生物医药产业,加快推进铝、钒、钾、镁等矿产资源的开发利用,着力打造新材料、新能源基地。加快推进工业园区基础设施建设和项目入园，围绕现代农业、特色食品、矿产品精深加工、生物医药、新材料、商贸物流、电子信息、文化旅游、健康养生等多条优势产业链，突出专业、专题招商，创新园区、产业招商。

二、保靖县工业发展调研和分析

（一）保靖县工业发展整体情况

"十三五"时期，保靖县适应新常态给保靖县工业经济带来的历史机遇与挑战，按照比较优势发展原则，统筹促进县工业全面协调、可持续发展，以提高工业整体水平和核心竞争力为主线，理清思路，创新举措，全力服务，努力破解制约工业经济发展的难题，积极深化企业改革，加快企业技术进步，加大经济结构调整力度，大力推进新型工业化进程，全县工业经济运行质量和效益逐步提升，活力日益增强，总体发展势头良好。2019 年，保靖县第二产业实现总产值 24.6 亿元，较 2018 年增长8.5%，其中工业总产值 19.3 亿元。保靖县工业发展主要工作有：

一是推动主导产业链建设。建设农产品精深加工产业链，实施黄金茶精深加工产业链建设行动，大力发展绿茶、红茶、黑茶等，鼓励企业开发速溶茶、茶饮料、茶日化用品、茶保健品等深加工产品，不断延伸油茶全产业链条。打造"柑橘—果汁—植物原料—有机肥—柑橘"的产业循环链，开发橙汁、罐头、即食零食等产品，利用皮渣提取橙皮甙、果胶等植物原料，其废渣及废水用于制造有机肥。建设白酒产业链，发挥"中南陶都"的资源优势和品牌效应，一方面推动酒鬼酒等国内知名酒企来保靖投资布局，推动酒鬼酒公司与水田河酒厂、土家人酒厂等企业的深度合作，共同扩大白酒的品牌影响力。另一方面大力发展以酒瓶为主的紫砂陶包装容器、纸箱包装印刷、泡沫内包装、酒盒包装等。建设生物医药产业链，充分发挥五倍子、杜仲等中药材生产基地建设的优势，大力发展化学制药、中药制药、医疗器械、生物工程、医药物流等。

二是推动保靖产业园区提质升级。坚持把工业园区建设作为推进新型工业化的重要载体来抓，积极整合政策、资金等各类资源，切实加大投入，突出抓好工业发展平台建设。推动保靖工业集中区升级为省级高新技术产业开发区。科学对接湘南湘西承接产业转移示范区发展规划，工业集中区规划面积增加至 10 平方千米，完善园区基础设施建设。结合湖南省"135"工程，继续推动标准化厂房建设，推动园区污水处理厂及配套污水管网建设，完善路网、给排水管网、照明系统、园区绿化等配套设施建设，提升园区承载力，推动企业集中入园。引导农产品加工企业向园区聚集，推进土家人酒厂迁建，鑫洋公司、陶瓷企业等搬迁入园，打造产业集聚发展平台，建设专业园区、智慧园区和精深加工示范基地。

三是将工业项目作为培育新增长点关键。实行重点工业项目县级领导联系和定期督查通报制度，帮助工业项目加快建设，努力形成现实产能，带动贫困户与公司、合作社、家庭农场等新型经营主体建立紧密的利益联结机制，把贫困户深深地嵌在产业链条中，带动贫困户稳定增收、持续增收。鸿阳产业转移液晶电视机背光板建设项目、和薪科技公司年产3.5万吨锌合金生产线建设项目、瑞泰纺织厂建设项目建成投产；久霖饮用水公司年产值5万吨矿泉水、湘西光谷建设、陶瓷产业园建设、玉昆菜业蔬菜加工、保靖黄金茶5000吨黑茶加工建设、韵莱农业万吨柑橘仓储加工生产线、松桂坊绿色农产品加工园建设、晟浩轮胎等项目有序推进。其中，玉昆菜业公司以"公司＋基地＋合作社＋农户"为基础，采取农业区域化布局、专业化生产、规模化建设、系列化加工、社会化服务、企业化管理，实现了集蔬菜栽培、秧苗培育、销售、蔬菜加工冷链配送为一体的运营模式，对推动地区农业产业化发展进程具有很好的示范意义；韵莱农业公司以"公司＋基地＋合作社＋农户"模式为基础，涵盖柑橘种植、初加工（清洗、分级、包装）、销售（线上＋线下＋出口）、包装物生产等业务，推进相关产业链的建立健全和升级发展，带动4300余户农民增收，户均增收4800余元；鼎盛黄金茶公司以茶促旅，以旅带茶，茶旅一体化，形成产业集群，把茶园建设成为农民精准脱贫和持续稳定增收的关键渠道；松桂坊食品公司则是大湘西地区专业化程度和科技含量最高的腊肉熟食加工企业，带动周边地区1000余户贫困户增收，产生了良好的经济效益和社会效益。保靖县主要的工业固废综合回收企业——中锦环保公司，以州内电解锌企业锌浸出渣为主要原材料，综合回收铅锌等有价金属，从源头上实现工业固废的资源化、减量化、无害化。

四是不断优化发展环境。坚持强化工业经济"110"办公室的综合协调职能，加大对电力、原材料、运输等生产要素和周边环境的协调服务力度，严厉打击损害工业经济发展环境的违法违规行为，为企业达产增效提供良好的环境保障，积极引导金融机构为企业"解难"，促成建行、农发行保靖县支行为县内重点企业投放贷款。

（二）保靖工业集中园区建设情况

1. 基础设施建设

保靖工业集中区最初于 2004 年底由湘西自治州人民政府以州政函〔2004〕140 号文批准设立，2012 年以湘发改地区〔2012〕1593 号文件批复了保靖工业集中区发展规划，以湘政办函〔2012〕187 号文件批准为省级工业集中区，由"一区三园"架构，分别为钟灵山工业园区、碗米坡工业园区、保靖创新创业园区总规划面积 549 公顷。园区现有企业 41 家，规模以上企业 21 家，2016～2019 年，保靖工业集中区完成基础设施建设 8.9 亿元，主要包括新建标准化厂房 28 万平方米，其中公建 17 万平方米，企业自建 11 万平方米；建设完成钟灵山工业园及创新创业园污水管网建设；完成酉水明珠建设项目大部分及园区周围道路建设。

2. 经济指标情况

2020 年上半年，保靖工业集中区入园企业 40 家，完成技、工、贸总收入 7.2 亿元，同比下降 17%；完成高新技术产品产值 4100 万元，同比下降 15%；实现税收总额 0.27 亿元，同比下降 30%；实现就业人员 2120人，同比下降 12%。因受疫情影响，2020 年上半年各项指标与上年同比均有所下降，但整体呈现回暖态势。

（三）保靖县工业发展存在的困难和问题

"十三五"时期工业经济的强力推进，为"十四五"时期工业发展奠定了坚实基础，但仍存在着一些突出矛盾和问题。

1. 主导产业仍然不强

以光通信、特色加工、新能源新材料等为主的战略性新兴产业集聚效应并不明显，工业产值也不高，缺乏辐射带动作用的龙头企业和旗舰型企业。以锌锰企业为主，传统产业仍然占据工业大半壁江山，高新技术、高附加值产业占比不高。截至 2019 年底，保靖县规模以上工业企业32 户，大部分企业产值均在 1 亿元以下，整体规模偏小，综合实力不强，企业技术创新能力不足，产品科技含量普遍偏低，辐射带动作用不显著。

2. 各类硬性要素制约比较突出

受国家土地政策的制约，新增工业用地指标审批困难，现有存量土地远远不能满足用地需求，存量土地进一步减少，工业用地缺乏成为制约工业发展的主要"瓶颈"；企业贷款难、融资贵等问题仍然存在，县重大工业项目资金缺口较大，而工业融资平台能力不足，不能完全满足企业对贷款融资的需求；用工成本刚性上升，企业招工难、留人难的状况仍然突出。受政策影响，锌锰冶炼企业原料采购十分困难，严重影响企业复产达产。

3. 工业发展仍存在体制性问题

计划经济体制改革不彻底、市场经济体制不完善，对有关工业政策、文件的贯彻力度不足，尤其在实施工业项目时，土地、规划、审批协调落实困难，对工业发展所需的资源无法进行有效配置，缺乏活力和效率。县工业还存在工业经济总量偏小，运行质量不高；企业规模小，抗风险能力弱；产业结构欠佳，链条尚不完整；工艺设备落后，资源能源浪费；企业缺乏管理人才和技术人才等问题和困难。

（四）推动新型工业高质量发展主要经验

1. 强化监测调度，盘活现有产能

每季度召开一次规模企业统计人员和项目负责人调度会，对当季度规模企业生产数据进行初步测算、汇总，做到应统尽统，同时研究解决经济运行中存在的困难和问题，努力实现预定工作目标。至 2020 年 10 月，规模以上企业开工率 75%，同比上升 7 个百分点。轩华 2019 年同期停产，2020 年开工完成 6 万吨产能，且实现了满负荷生产，1～10 月产值突破 8 亿元；帮助弘渡石材克服资金、技术、市场等困难，恢复生产。

2. 抓服务，优化经营环境

将 32 户重点企业列入"县级领导联系"对象，根据各企业存在的困难和问题，结合每位县级领导的分管工作确定结对帮扶，及时帮助解决企业生产经营中的困难问题。争取省、州项目资金 775 万元，帮助企业进行项目扩建、技术改造、研发创新。组织召开全县政、银、企座谈会，企业提问，部门及银行现场解答，并将问题交办落实。为 8 户规模工业企业争取优惠电价超 2000 万元，累计为 15 户企业解决助保贷资金 2560 万元，税务机关预计可为全县 2681 户工商企业减税超 4500 万元。

（五）"十四五"时期保靖县工业发展重点

1. 形势机遇

随着环保政策倒逼，加速了落后产能的淘汰，占据保靖县工业产值近半壁江山的轩华公司、中锦环保公司等矿产品加工企业，在解决了矿源问题、环保技改等问题后，"十三五"期末已实现稳定生产，保障了该县工业经济运行的区位。"十四五"时期，保靖县工业经济面临的发展机遇有：

一是国家建设湘南湘西承接产业转移示范区的政策机遇，使该县工业招商引资呈良好发展态势，各级支持工业发展的力度也将会持续加大。该县工业园区基础设施建设在湘西自治州处于第一梯队，有一定的承载力和优势吸引外商投资。

二是保靖县工业集中区（省级）循环经济产业园及基础设施建设项目作为地方专项债券项目申报，一旦申报成功，将助推该县工业园区基础设施建设。随着工业集中区"2 号公章"及园区企业服务中心建设的启动，工业集中区的承载能力将不断增强，尤其是现代物流园建设的推进将极大降低该县工业原材料运输成本。

三是传统产业振兴将迎来实质性红利支持。2018 年 10 月，国家发改委将白酒产业从限制类目录中取消，10 月 22 日，湖南省政府召开全省加快白酒产业发展座谈会，提出打造湘西、常德、邵阳 3 个白酒优势产业区，依托酒鬼酒公司龙头，该县白酒产业将迎来重大机遇。水田河酒厂、土家人酒厂等停工规模企业有望全面复产，同时将带动金锋陶瓷、寰宇陶瓷、欣晟科技、上真电子等白酒配套包装企业进一步做大做强。

2. 重点工作

（1）强化服务，完善园区基础设施建设。

一是继续实行县级领导联系企业制度，搞好每月规模企业运行调度，对企业发展过程中的问题及时梳理、及时交办、及时解决，扶持企业做大做强。

二是抓住湘西自治州推进园区调区、扩规契机，按照"园区、景区、城区"同规划、同推进的原则，对保靖工业集中区规划进行修编：将碗米坡工业园用地规划及指标调入创新创业园的农产品加工区；连通钟灵山工业园与创新创业园，使集中区规划面积增加至 10 平方千米，实现集中区空间配置协调，提高土地集约开发与产出效率。

三是以世联创科大楼内的创新创业孵化中心为基础，结合启用系列"2 号公章"契机，加快园区企业服务中心建设，全面打造项目审批"高速公路"，积极申报实施"互联网＋政务服务"平台项目建设，按照"一份办事指南、一张申请表单、一套申报材料、一张中介服务清单、一次完成多项审批"的行政审批要求办理企业入园、生产管理等事务，实现"智慧"型园区建设。

（2）抢抓招商机遇，培育工业经济新的增长点。

坚持内生动力和外来助力"双轮驱动"，按照产业规划和城市功能定位招商，遵循"产业链—产业集群—产业基地"的发展思路。找准上下游产业链的空白点和薄弱环节，细分招商范围和目标，重点引进电子信息、新材料、陶瓷、农（副）产品加工、轻工纺织、矿产品加工等产业链上相关的关键性、有支撑作用的项目，由单一项目招商转向产业集群招商。

电子信息产业。以"湘西光谷"为载体，继续加强电子信息产品、通信元器件、液晶电视生产类项目产业链上下游招商，打造集元件生产、智慧系统制造、软件开发等于一体的综合型的电子信息产业聚集区。

新材料产业。围绕锂离子软包电池、18650 电池、动力电池，新型动力正负极材料、隔膜新材料等新材料产业进行补链、延链招商，打造新材料产业聚集区。

陶瓷产业。陶瓷产业园按照现代陶瓷产业标准和企业实际需要，科学规划，合理布局，完善配套设施，立足本地资源，积极招引日用、工艺、工业等陶瓷龙头企业和配套产业，推动陶瓷产业提质增效，走多元化、高端化、集群化发展之路。

农（副）产品加工产业。依托湘西地区丰富、绿色的农（副）产品资源，规划、建设农业特色产业示范园。重点招商引资黄金茶、湘西传统食品、特色农产品、医药保健品等精深加工产业及配套产业，加快形成主导产业突出、产业链条完整、上下游配套、辐射功能明显的农产品加工园区。

轻工纺织产业。积极承接沿海发达地区纺织服装、皮革皮具、塑料玩具制品等产业，培育现有纺织企业龙头领军地位和骨干带动作用，开展下游产品延链招商，打造轻工纺织制造业发展格局。

矿产品加工产业。针对湘西自治州锌锰矿产品综合利用率不高的突出问题，利用保靖县钟灵山工业园区空间规划充裕、环保设施齐全等优势，重点在矿渣处理、低品位矿利用、下游产品开发等方面，引进一批矿产品综合利用企业、废旧资源回收利用企业，延长锌锰产业链，扩展矿产品加工产业门类，振兴矿产品加工经济。

总部经济集群。以湘南湘西承接产业转移示范区建设为契机，以保靖县总部经济优惠政策为支撑，以脱贫攻坚深度贫困县 IPO 绿色通道等优惠条件为吸引，围绕智能制造、科技研发、产学研结合等重点领域，引领高端产业，打造总部经济集群，为区域经济发展注入外溢效应。

三、永顺县工业发展调研和分析

（一）"十三五"时期永顺县工业发展整体状况

"十三五"时期，永顺县工业发展主要面对烟花爆竹、造纸、纺织等产业产品价格持续低迷、企业停产面大，以及部分传统产业政策性关停等挑战，而生物医药、新能源、农产品精深加工等新兴产业短期内难以达产增效，该县在坚持新型工业化第一推动力的方针下，工业经济保持了难中有变、稳中有进的发展态势。2019 年，全县规模工业完成工业总产值 11.66 亿元，同比增长 1.79%，完成工业增加值 3.14 亿元，同比增长 5.2%。完成工业投资 4.2 亿元，同比增长 28.2%，主要工业发展情况包括：

1. 建材和食品工业发展迅猛

"十三五"时期，永顺县建材、食品工业发展迅速。截至 2019 年底，该县规模以上建材企业 5 家、食品企业 8 家。2019 年，建材企业实现工业产值 1.61 亿元，同比增长 22.78%，实现工业税收 637.28 万元，同比增长 97.67%。食品企业工业总产值达到 2.4 亿元，产值占比已达到 20.58%，随着老爹生物、沃康油业二期、松柏米业、木房子腊肉等一批项目开工建设和建成投产，2020 年底该县食品产业在规模工业总产值中占比将超过 40%。

2. 企业转型升级逐步加快

永顺县五凌电力一期、沃康油业油茶精深加工、本草生物医药产业园建设和老爹芙蓉产业园项目逐步建成。沃康油业、大洋肥业、盛世御品等企业入选了省州"农业产业化龙头企业",沃康油业入选了省"小巨人",沃康油业、本草制药入选了湖南省"产融合作制造业重点企业""绿色工厂"等重点支持目录。该县基本形成了以生物医药、新能源、农产品精深加工和建材为主的工业体系。

2017 年 10 月启动的"湖南明瑞本草生物医药产业园建设工程"项目,集高端现代制药、中药材加工、中药提取及大健康产业发展为一体,计划总投资 3 亿元,占地 61.33 亩,总建筑面积 4.4 万平方米。规划建设中药固体制剂车间、气雾剂车间、酒剂车间、中药提取车间、保健食品车间、办公化验楼、产品展示及综合仓库,以及动力、配电等辅助设施,项目相继获得"湖南省制造强省重点项目"及"湖南省湘西地区重大产业项目"支持。项目建成后,将有力促进县域实体经济发展,有效拉动地方人口就业,切实提高中药种植户创收,具有良好的经济效益和社会效益,助力永顺经济发展。

3. 开发区建设成效显著

永顺经济开发区是湘西自治州三大省级经开区之一,2018 年获批全国一二三产业融合发展先导区。至 2019 年底,开发区有工业企业 43 家,其中规模以上工业企业 26 家,小微企业 146 家。2019 年,新增招商引资企业 8 家,实现招商引资落地 5.7 亿元,开发区全年完成固定资产投资 8.17 亿元,技、工、贸总收入 42.4 亿元,工业总产值 26.42 亿元,上缴税金 1.9 亿元,完成土地储备 800 余亩,出让土地 216.31 亩,转让土地 11.02 亩,实现土地收益 1.16 亿元。永顺县三产融合发展规划展示牌如图 1 - 8 所示。

开发区内,湘西老爹芙蓉现代农业产业园集猕猴桃种植基地、商业化处理中心、饮料生产线及会展交易中心等为一体,由本地企业老爹生物有限公司具体负责园区建设、基地种植、生产管理、产品销售等,通过猕猴桃种植加工的"龙头企业 + 产业基地 + 合作社 + 农户"模式,带动当地产业发展的同时推动贫困户增收脱贫。

4. 企业科技创新不断增强

"十三五"时期,永顺县大力引导县域企业加快科技创新发展。湖南本草制药公司的"中药新药散痛舒胶囊产业化"、湘西芙蓉资源公司的

"湘西黑猪绿色高效养殖关键技术研究与集成示范"和湘西沃康油业公司的"油茶壳应用于生物质发电的研发"获得省科技创新、特色产业培育项目支持，油茶、黄桃种植和莓茶产业列入省州重大科技专项支持范围。同时，该县围绕农业新技术、新品种推广，加快永顺莓茶、猕猴桃、油茶等特色产业全产业链发展，提升农业产业科技含量。

图 1-8 永顺县三产业融合发展规划与发展

资料来源：调研组拍摄于 2020 年 9 月。

5. 信息化建设不断完善

"十三五"时期，永顺县加快了通信基础设施建设，确保信息通信基础设施能力与经济社会发展需求相适应，全县宽带和 4G 建设累计完成投资资金约 2.1 亿元，完成 303 个行政村的宽带和 4G 信号覆盖，2017 个 20 户以上自然村中，已完成 4G 覆盖 1752 个，覆盖率为 86.86%。全县宽带端口达到 23 万余个，农村宽带网络覆盖率大幅提升。

（二）"十三五"时期永顺县工业发展主要新举措

"十三五"时期，永顺县以科技创新为驱动，着力推动工业与信息化、绿色化、城镇化融合，通过科技攻关和合作，加快科技创新和新产品研发，承接、引进了一批高新技术和新兴产业，改造提升传统产业，促进县山区资源型加工主导产业向高、精、尖、特发展，主要工作有：

1. 加快工业园区建设

推动湖南永顺经济开发区调区扩区，形成"一区两园"格局，即在开发区下扩建猛洞河（岔那）工业园和芙蓉镇生态文化创意产业园。重点推进猛洞河（岔那）工业园规划、骨干道路等"五通一平"和垃圾污水处理等基础设施建设，全力推进创新创业园、食品加工园、石材建材产业园、服装产业园、信息产业园等专业园的标准化厂房建设，兴建科技孵化创业基地，创新科技产品。芙蓉镇生态文化创意产业园，重点推进与高铁新城建设相融合的影视基地、生物医药、旅游商品加工、千年土司王宫演艺中心等建设。形成园区统筹、特色鲜明、错位发展、配套完善的工业布局体系。

2. 规模开发农副产品精深加工业

永顺县依托五大农产品综合生产基地，以生产高质量的绿色食品为发展方向，积极采用现代生物技术和工程化食品技术提升农副产品加工水平。延伸发展农产品精深加工、储藏、保鲜、运输等，拉长产业链。重点支持湘西沃康，规模发展茶油精炼及副产品加工；支持继福种业，研发杂交玉米新品种，形成西南山区最大的玉米制种基地；支持湘西吊脚楼等企业，开发湘西肉食、豆制品、山野菜、蜂蜜和畜禽产品等土家特色食品加工；引进老爹生物科技，壮大猕猴桃、橘柚等水果加工业；依托松柏米业，发展优质稻米精深加工；依托溪州茶业，发展铂金茶、土司贡茶、溪州毛尖等优质茶叶。培育具有较强实力的精深加工和市场营销龙头企业，支持企业进行农产品商标注册，有机食品、绿色食品和无公害食品的产地认证和产品认证，形成独特的"绿色、生态、富硒、有机"农产品品牌。

3. 培育新兴产业和生物医药化工业

以产品高新化、产业规模化、销售全球化为发展方向，推动具有自主知识产权和广阔市场前景的生物医药化工产品开发，依托永顺中医药研究所和本草制药、春天生物科技、源植天然香料等龙头企业，加强心脑血管、肿瘤、艾滋病等重大疾病的治疗用药研究，发展壮大蒿白气雾剂、青钱柳茶、紫杉醇、蛇足石杉、铁皮石斛、青蒿素、二氢杨霉素、黄姜皂素、天然香精香料等药物中间体、特色中成药和化工产品。

4. 构建新型绿色能源工业体系

永顺县依托丰富的能源资源，引进战略投资者，积极开发利用水能、风能、太阳能、地热能、生物质能、页岩气、农村沼气等清洁能源和石煤发电。实施区域能源综合开发，重点支持中水投资、远景集团、新华电力等企业开发羊峰山、大青山、万盐大界、永龙大界、万福山等地风能、光伏发电，华电集团麻阳坪地热能发电，武汉凯迪生物质能发电及生物质汽柴油生产，稳步推进页岩气、水电和石煤发电综合开发，积极打造新型绿色能源工业体系。

5. 集约环保发展矿产品加工业

在保护资源、注重环保的前提下，永顺县引进高新科技战略投资者，合理开发、有序推进钒矿、铁矿、铅锌矿、方解石等矿产品冶炼和精深加工，重点加大钒资源开发利用力度，同步推进石材加工、新型建材等产业。

6. 改造提升传统产业

永顺县积极推进新兴科技与传统优势制造业融合，运用高新技术和先进工艺改造、提升传统优势制造业，重点支持锦帛钰纺织、泰丰建材、民强建材、洪飞纸业、三家田鞭炮、志凌服饰、大洋化肥等企业转型升级，整合优化纺织、建材、造纸、鞭炮、服装、复合肥、石雕等传统产业做优做强。

7. 优化企业组织结构

按照现代企业制度发展的要求，加快企业组织结构调整，引导企业通过上市、兼并、联合、重组等形式，形成拥有自主知识产权、主业突出、核心竞争力强的重点骨干企业、成长型企业、一般规模企业的梯状规模企业结构。发挥各行业骨干企业的辐射带动作用，加强小企业与大企业的专业化配套和服务，提高生产的专业化和社会化水平，争取资源利用和规模效益最大化。

（三）"十四五"时期永顺县工业发展重点

"十四五"时期，永顺县工业发展重点是打好"一二三四五"攻坚战。"一"即"一区"：建设永顺经济开发区。"二"即"二园"：建设猛洞河工业园、芙蓉镇文化旅游产业园。"三"即激发"工业支撑、科技驱动、信息化助推"三个引擎。"四"即实施"四"大工程：实施好制造强县工程、科技兴县工程、信息化助推"两化融合"工程、新兴产业重大项目及优势全产业链招商拉动发展工程。"五"即实现"五"个目标：实现工业经济总量大增长，园区及企业发展培育迈大步，产业结构调整大提升，"5G"等新一代信息基础设施建设大突破，科技驱动创新大发展的目标。

1. 舞活一个"龙头"

积极抢抓国家推动农村一二三产业融合发展先导区及湘南湘西承接产业转移示范区建设的发展机遇，以永顺经济开发区为龙头，以调规扩区为核心，坚持"一区两园"发展战略，加速推进经开区全面、持续、科学发展，逐步形成以生物制药、旅游商品开发、农产品精深加工等产业为核心，以轻工、建材等传统产业为支撑的优势产业聚集区，进一步推动全县新兴产业体系和优势产业链建设。

2. 强健两支"羽翼"

加快芙蓉镇文化旅游产业园一带、县城猛洞河工业园一轴两园（以S314绕城工业大道为轴，岔那创新创业园和富坪现代物流园）发展。

3. 激发三个"引擎"

一是激发"工业支撑"引擎。抓住湘南湘西承接产业转移示范区建设的发展机遇，主要抓好产业、企业和产品结构的调整，引进高新技术企业，提升传统产业，淘汰落后产能，禁止"双高"产业。抓好猕猴桃、油茶、碰柑、优质稻、绿茶莓茶、时鲜蔬菜等区域特色支柱产业集群建设，推进加工型、资源开发型和劳动密集型产业协调发展。

二是激发"科技驱动"引擎。抓住武陵山区域扶贫开发等政策机遇，加大科技驱动创新的力度，加快产学研合作步伐，加速科技成果转化，提高社会和企业创新意识，升级改造传统工业，培植中小微科技企业，推广优势现代农业，打造精品旅游业和特色支柱产业。

三是激发"信息化助推"引擎。按照"数字湖南"建设要求，加快"智慧永顺"建设，抓好以5G、工业互联网、物联网等新型基础设施建设；抓好以电子政务为主要内容的公共服务信息化建设，政务信息实现网上发布，政府部门实现网上办公，行政许可和处罚实现网络办理；抓好以智慧交通、智慧社区、智慧城市等为主要内容的数字城市管理体系建设；抓好以医疗卫生、教育、旅游等为主要内容的社会事业服务信息化建设。

4. 实施"四大工程"

一是制造强县工程。加快形成以区域特色产业为支撑，资源开发型、加工型、劳动密集型产业协调并进的县域工业发展新格局。进一步优化工业空间布局，实施"一带二核三极"带动工程。"一带"：以石堤镇、高坪乡和芙蓉镇的1828公路沿线一带为重点，强力打造农副产品深加工等优势产业带动工程。利用油茶、猕猴桃和优质大米等优势资源，以沃康油业、老爹生物、松柏大米等企业为引领，尽快将农副产品优势资源转变成优势产业，进一步提升全产业链聚集发展水平。"二核"：一核是以灵溪、万坪、塔卧等地为核心区，积极开发文化旅游商品带动工程，引导民族服饰、塔卧石材、万坪竹艺等一批特色旅游商品企业做大做强。二核是以永茂、青坪、朗溪等地为核心区，依法有序推动矿产品精深加工带动工程，加强对钒、方解石等矿产资源的开发。"三极"：一极是新能源开发增长极带动工程。积极发展以羊峰山风能发电、芙蓉新能源、凯迪生物能等企业为龙头的生物质能发电、水电、风电、页岩气和光伏发电五大能源开发为主的新能源工业。二极是生物医药化工开发增长极带动工程。充分发挥武陵山区植物资源优势，重点扶持本草制药、晋海医药、春天生物等企业做大做强。三极是传统工业提质改造增长极带动工程。积极引导大继成化工、大洋肥业、洪飞纸厂、特色食品企业等传统支柱企业转型升级，积极与发达地区新兴产业进行链式对接，带动传统产业提质升级改造。

二是科技兴县工程。加强农业科技示范基地和特色产业基地建设，扩大农业新技术、新品种的辐射范围。加快农产品深加工及综合利用。重点突破椪柑、猕猴桃、莓茶绿茶等深加工关键技术和工艺，培育一批农产品加工核心企业，加快农村科技扶贫。建立农村科技服务体系，加强农民科技培训和先进适用技术推广，开发具有地方特色和市场优势的优质干鲜果、中药材、茶叶、烤烟、蔬菜及养殖产品。

三是信息化助推"两化融合"工程。加强政务数据中心创建，为各部门提供数据存储、数据备份、咨询服务。加快数字城市管理体系建设，对公安、交通、消防、环保、安全等部门的监控监拍资源进行整合和共享。加大社会事业信息化建设，在医卫、教育培训、环境监测、文化旅游等方面，创建统一、高效、智慧的网络信息平台。

四是新兴产业重大项目及优势全产业链招商拉动发展工程。"十四五"时期，加大新兴产业重大项目及优势全产业链招商拉动发展工程，实施包括制造强县和科技创新两个方面在内的重大项目和招商。

5. 实现"五个目标"

一是工业经济总量实现大增长。"十四五"期末，全县工业固定资产投资突破 30 亿元，年均增长 15%；引进投资过亿产业项目 5 个、投资 5000 万元以上项目不少于 10 个；上争专项资金 1000 万元以上。到 2025 年，全县工业总产值达到 40 亿元，增加值达到 15 亿元，其中规模以上工业总产值达到 30 亿元以上，增加值达到 10 亿元。工业总产值占全县生产总值的比重达到 30% 以上。

二是园区建设及企业培育有新成效。到 2025 年，力争建成标准厂房 30 万平方米，新增入驻规模以上工业企业 30 家，年销售收入过亿元的企业达到 20 家，力争培育上市公司 2 户，省级企业技术中心 1 个。

三是产业调整实现大突破。进一步扩大新能源、生物医药、建材和农产品精深加工等特色产业规模，实现工业总产值 25 亿元，占全部工业的比重达到 75% 以上。战略性新兴产业对产业结构升级的推进作用显著增强。

四是信息化发展实现大跨越。2025 年底，信息化基础设施基本形成，无线宽带城市和三网融合建设水平达到全国平均水平，城镇 5G 信号覆盖率达到 100%，行政村 5G 信号覆盖率达到 85%。到"十四五"期末，基本建成宽带、融合、安全的信息化基础设施。

五是科技驱动社会创新实现大发展。"十四五"时期，财政科技支出占财政一般预算支出比重达到 1.5% 以上。

第三节　保靖县和永顺县农业发展调研和分析

一、保靖县农业发展调研和分析

（一）保靖县农业生产条件

1. 自然生态条件

保靖县位于云贵高原东侧、武陵山脉中段，是典型的"八山半水一分田，半分道路和庄园"的山区县。调研者在当地拍摄的照片充分体现了这一地貌和土地利用特点（见图1－9）。

图1－9 保靖县地貌和土地利用情况

资料来源：2020年9月17日拍摄于保靖县阳朝乡溪洲村。

保靖县自然生态环境适合多种优质有机农产品的生产。保靖县属亚热带季风性湿润气候，昼夜温差较大。由于山区海拔相差较大，高低地势存在一定的冷热差异，为农产品生产提供了丰富多样的气候条件。

年平均降水量在1320～1620毫米。境内有酉水和武水两大水系，水系发达，溪河密布，水资源充沛，水质优良。根据2019年工作报告，保靖县的国家和省地表水考核断面水质优良比例达到100%，为农业生产提供了丰富清洁优势的水源保障。

保靖县森林覆盖率高，当地人特别为之自豪。根据森林资源调查数据，2019年森林覆盖率为70.24%，全县林木绿化率达到了72%，也就是说，占保靖县80%左右的山区基本上被森林覆盖。森林植被能够涵养水源、净化空气，为优质有机农产品的生产提供了良好的生态环境。

2. 土地资源

调研时受访者普遍指出，保靖县耕地资源稀缺。在耕地红线政策的约束下，保靖县近年来的耕地面积保持在2.1万公顷左右，非常稳定。人均耕地面积仅为1.09亩。调研时发现，很多农村家庭现在不太愿意在这人均一亩耕地上投入太大的精力，一是面积小、产出少，二是在耕种、施肥、除草、收割上需要投入很多精力，很多在外务工人员不愿意多次耽误时间回乡种植。为了不让耕地撂荒，一些人情愿把土地租给别人耕种。这也为当地的土地流转和农业规模化发展提供了一定的空间。另外，保靖县有约1.4万公顷的稻田，加上旱地面积，耕地总面积有2.1万公顷以上。

3. 农业基础设施

保靖县地处老、少边穷地区，贫困程度深、范围广，基础设施条件总体上依然薄弱。总体上的不足也体现在农业基础设施上。农业基础设施主要包括农村产业道路、水利工程、农田水利设施（包括灌溉设施和标准化农田建设）、农产品物流设施等。本次调研仅重点考察了农产品物流设施等，对其他基础设施则通过座谈、走访和部门汇报材料方式进行初步的了解。

早在"十二五"时期，保靖县就通过农村通畅工程的实施，为边远村民打通了"最后一公里"，村民的生产生活条件得到极大改善。但是农村产业路况仍然较差，近年来的主要任务是这一部分道路的维护和升级。

在水利基础设施方面，当地水利部门近年来实施了农村饮水安全巩固提升、水库修建、病险水库除险加固、高效节水灌溉和水土保持小流域治理农田工程，当地的水利基础设施条件得到了较大的改善。

在农田水利基础设施建设方面，近几年保靖县每年实施1万~2万亩高标准农田建设项目，其中实施高效节水灌溉千亩至万亩左右。主要建设内容为土壤改良、灌溉排水、高效节水灌溉、田间道路、农田防护与生态环境保持等工程，明显改善了农田的生产条件。不过，由于高标准农田建设的亩均投资强度大，每年由政府投入实施的面积非常有限，大部分的农田灌溉设施条件仍然比较落后。

在农产品物流和销售基础设施方面，2019年，保靖县借力重点产业扶贫项目和东西部扶贫协作项目，以湘西韵莱农业发展有限责任公司为主体,投资建设了万吨柑橘仓储、加工、物流项目,主要包括 2 万吨柑橘通风库、保鲜库、冷藏库、清洗分级车间、包装车间、包装物生产车间、物流配送等一体化设备及附属配套设施。这是保靖县最大规模的农产品储存物流设施,大大提高了保靖县农产品物流和销售基础设施的水平。

总体来看,保靖县良好的气候、水和植被生态资源,适合发展优质有机农产品的生产。不过,保靖县耕地资源较为贫乏,对农业规模化生产产生了较大的限制。从农业基础设施来看,保靖县的农村道路发展较好,水利工程、农业水利设施和农产品物流设施正在不断完善和发展中。

(二)保靖县农业发展现状

1. 农业经济发展

对保靖县农业经济发展的考查,主要来源于对保靖县各年度国民经济和社会发展统计公报数据的汇总和比较(见表 1-1)。

表 1-1 保靖县各年度第一产业产值和农林牧渔服务业总产值

指标	2015 年	2016 年	2017 年	2018 年	2019 年
全县生产总值(亿元,当年价)	44.56	47.86	50.75	66.6	70.17
第一产业增加值(亿元,当年价)	8.24	8.80	8.82	8.29	9.74
全县生产总值同比增幅(%)	11.8	6.7	7.0	6.7	8.4
第一产业增加值同比增幅(%)	3.9	3.2	3.0	3.4	3.1
第一产业比重(%)	18.5	18.4	17.4	14.7	13.9
农、林、牧、渔、服务业总产值(亿元,当年价)	8.22	14.83	15.11	14.24	16.96

2019 年,保靖县全县生产总值为 70.17 亿元,其中第一产业增加值为 9.74 亿元,一产比重为 13.9%。该比重与湘西自治州相同,高于湖南省(9.2%)和全国(7.1%)水平。这说明,农业产业对于保靖县的经济增长还是非常重要的。

2019 年,保靖县农、林、牧、渔、服务业总产值 16.96 亿元,其中农业占 66.9%,牧业占 28.5%,其他行业(林业、渔业和农业服务业)仅占 4.6%。由此可见,在保靖县的大农业发展中,农业和牧业分别是第一和第二大行业,也是该县农业工作的重中之重。

2015～2019 年，保靖县第一产业增加值的增幅始终低于全县生产总值的增幅。以 2019 年为例，保靖县第一产业增加值的同比增幅仅为 3.1%，比全县生产总值低 5.3 个百分点。相应地，第一产业比重持续下降，从 2015 年的 18.5% 下降到 2019 年的 13.9%。与全国第一产业比重的变化趋势相比（2015 年为 8.4%），保靖县第一产业比重的降幅比较明显，在一定程度上限制了第一产业对保靖县经济增长的贡献。农业生产既是农村人口的基本收入来源，也为所有居民提供粮食和必需的食品。因此这并不意味着农业对于保靖县的重要性有所降低。

2. 主要农林牧产品

保靖县主要生产六大类农产品，分别是粮食、油料、蔬菜、茶叶、烟叶和柑橘。保靖县种植业优势大于养殖业，主要是因为这六大类属于种植业产品。以下农产品产量的数据根据各年度统计公报和县统计年鉴数据整理（见表1-2和表1-3）。

表1-2　保靖县各年度种植面积　　　　单位：公顷

项目	2015 年	2016 年	2017 年	2018 年	2019 年	2019 年比 2015 年增减
粮食	18750	18680	18357	16713	17133	-1617
油料	7310	6740	6313	5587	5333	-1977
柑橘	9500	9300	9013	8187	8200	-1300
蔬菜	6561	6340	6179	4773	4913	-1648
茶叶	4511	4540	5499	5853	7333	2822
烟叶	1530	1510	1105		1474	-56
油茶			1460		6507	+5047 *

注：* 为 2019 年比 2017 年的增减量。

肉类产量每年基本稳定在 1.2 万吨左右，蛋品数量在 0.4 万吨左右，水产品产量在 0.2 万吨左右。另外，自 2018 年以来，保靖县利用适宜栽培的自然条件大力发展油茶种植。目前油茶林面积达到了 6507 公顷，其中天然起源油茶林为 1173 公顷，人工栽植共 5333 公顷，5047 公顷为 2018 年后营造。

表1-3　保靖县各年度农林产品产量　　　　单位：万吨

项目	2015年	2016年	2017年	2018年	2019年	2019年比 2015年增减
粮食作物	8.88	8.71	8.70	8.72	9.05	0.17
柑橘	12.38	13.38	12.91	11.95	11.95	-0.43
蔬菜	7.56	7.46	7.43			-0.13*
油料	10.0	9.34	8.90			-1.1*
烟叶	2.35	2.30	1.60			-0.75*
茶叶（吨）	302	360	503	609	800	498

注：＊为2017年比2015年的增减量。

由表1-3可以看出，2015年以来，保靖县的粮食作物种植面积有所下降，但产量有所上升，说明单位产出量有所增加。油茶的种植面积自2018年以来大幅度增加。油料、柑橘、蔬菜种植面积和产量均有所下降。只有茶叶和油茶的种植面积和产量是持续增加的。这说明，近年来保靖县的种植结构发生了一定程度的变化。茶叶和油茶经济价值更高，更加受到农户的欢迎；柑橘则由于市场供应过量、价格下降，种植面积减小。调研时多人反映了这一问题，提出种植柑橘的收益下降，同时也由于柑橘品种退化，所以一些农户就把柑橘树砍了后改种其他。

3. 特色农林产品

受益于当地优良的自然资源条件，近年来保靖县域的三大特色农产品的优势日益突出。它们分别是黄金茶、油茶和柑橘，被称为"两茶一果"。调研时，当地人多次热情推荐了保靖黄金茶，自豪地宣传这是"中国最好的绿茶"，提出有检测，证明黄金茶茶叶的氨基酸含量是其他茶叶的2倍以上。2009年保靖成为了全国重点茶叶强县，2011年获得了"保靖黄金茶"地理标志证明。迄今为止，黄金茶已在国内获得了很多荣誉。

油茶是保靖县近年来积极推动发展的产业。2018年以来种植面积迅速扩大，目前已有油茶面积9.76万亩，计划到2021年发展到10万亩。

柑橘则是保靖县水果主导产业，仍有品种引进、选育品种和成熟栽培技术，适合本地自然条件的优良品种已在全县推广。

4. 农业产业空间布局

调研时发现，在不同地貌和光热水土条件的影响下，保靖县积极开发利用山区资源，其农业主导产业已经形成了较为稳定、比较合理的产业区域分布模式。主要为：保靖黄金茶以吕洞山区为核心、柑橘以清水坪镇比耳镇为核心；优质油茶以阳朝乡、迁陵镇、碗米坡镇、毛沟镇为核心；烟草以大户种植为主要形式，主要分布在 12 个乡镇 62 个村。这种区域分布模式有利于当地农民建设品牌、销售产品、减少物流成本、获得农资和技术服务，同时也为当地政府集中开展农业规模化生产、产业化经营和技术服务提供了方便。这种区域化布局也为大规模现代农业产业园的建设和成长提供了充分的发展空间。

5. 农业规模化和产业化

在上述空间布局的基础上，当地政府自 2013 年以来年均投入 2 亿元以上资金，用于农业规模化和产业化发展。目前，保靖黄金茶种植面积达到 12 万亩，柑橘保有规模 15.6 万亩，油茶面积达到 8.7 万余亩。共建设了 36 个特色千亩标准园，黄金茶、优质油茶和柑橘各一个万亩精品园，以及葫芦镇国茶村和阳朝乡现代农业田园综合体 1 个。保靖县农业规模化和产业化程度进一步提升。在规模化产业化进程中，当地政府投入了大量的财政资金。其中，保靖黄金茶新造茶园最高按 2500 元/亩的标准予以补助，油茶新造按 456～656 元/亩予以补助，柑橘品改奖补 1000元/亩。

黄金茶产业的加工和经营主体正在发展壮大。现有茶企业 120 余家，其中省级龙头企业 1 家、州级龙头企业 4 家、合作社 80 多个，自动化清洁茶加工生产线 20 多条。个体加工户达 588 户，综合加工能力 1000 吨以上。拥有保靖黄金茶公司、鼎盛茶业、现英合作社等规模保靖黄金茶经营主体，茶农鲜叶销售得到了保障。

柑橘产业发展目前则处于低谷期，迫切需要实行低改、品改。柑橘曾是保靖县农业的主要支柱产业。20 世纪 80 年代末 90 年代初全县开发种植了 15 万亩左右。目前，柑橘品种杂乱，橘农管理水平参差不齐，低产劣质果园较多，制约了全县柑橘产业持续健康发展。近年来柑橘种植面积已经减少了 2 万亩左右。受访者说，近年来很多橘农把树砍了不再种植。当地政府已经认识到柑橘产业面临的"瓶颈"问题，开始逐年推进柑橘新扩（品改）产业提质增效，每年规模在 2 万亩左右。

烟草产业正处于产业化快速推进的过程中。烟草产业分布于 12 个乡镇62个村，基本上以大户种植形式为主。主要的产业化措施是建设烤房（包括可移动烤房），提高烤烟的加工能力。

随着保靖县农业规模化和产业化发展，一些企业也逐渐成长为当地龙头企业。2017年，全县共有农产品加工企业59家，其中国家级农产品加工龙头企业1家、州级10家。保靖县韵莱农业发展有限责任公司、保靖县松桂坊食品科技有限公司、保靖县俄梨茶叶有限责任公司等是其中的佼佼者。课题组走访了前两家龙头企业，深切感受到保靖县农产品生产加工企业的发展潜力（见专栏1-1）。

专栏1-1　保靖县玉昆菜业有限责任公司

玉昆菜业是一家农业产业化州级龙头企业，集蔬菜秧苗培育、栽培、加工、销售、冷链配送为一体，基础运营模式为"公司+基地+合作社+农户"。蔬菜种植总面积7680亩。在阳朝乡农业产业示范园建设了12000平方米的智能化育苗温室；目前正在保靖县创新产业园修建占地38.5亩的农产品深生产基地，一期标准化生产厂房已完成。

注：保靖县玉昆菜业公司位于阳朝乡农业产业示范园的智能化育苗温室，拍摄于2020年9月17日。

6. 农业机械化

由于地处山区，保靖县的农业机械化进程一直较慢，近年来才有了较大的进步，保靖县农机部门重点推进油菜机播、机收、烘干、压榨等全程机械化生产，取得了一定成效；水稻机插、谷物烘干、飞防植保等农机新技术得到了广泛应用。截至2018年底，全县农机保有量超过2万台套，农机服务体系也不断完善。

7. 农业信息化

农业信息化是把现代信息技术广泛应用于农业领域。包括农业基础设施装备信息化，种植养殖管理信息化和自动化，农作物病虫害防治和食品安全检测信息化，农产品流通信息化等。在这方面，保靖县近年来的工作主要涉及农产品流通和食品安全检测信息化建设，对出口农产品质量安全示范区创建了投入品监控平台、检测平台、质量安全追溯平台，建成了信息进村入户128家益农社信息登记工作，线上销售网络基本建成。可以说，保靖县的农业信息化教程仍处于刚刚起步的阶段。

（三）保靖县农业发展存在的困难和问题

在本次调研中，保靖县政府官员干部、受访企业领导员工畅所欲言，向课题组反映了他们在农业产业发展方面遇到的困难和阻力。具体如下：

1. 农田水利基础设施存在短板

近几年保靖县开展农田水利基础设施建设，每年建设1万~2万亩高标准农田，实施高效节水灌溉，通过土壤改良、灌溉排水、高效节水灌溉、田间道路、农田防护与生态环境保持等工程，明显改善了农田的生产条件。

不过，高标准农田建设的亩均投资强度大，每年的实施面积比较有限。总体上，县财政比较困难，投入农田水利建设的资金总量有限，对水利项目建设支持力度小，项目配套资金难以到位。受资金条件限制，加上体制改革正在进行中，乡镇上报的"五小"农田水利基础设施尚未得到及时修复。

2. 特色农产品产业需进一步提质增效

近几年，保靖县的特色农产品产业得到了长足的发展，"两茶一果"正在成为保靖县农业产业的新名片。不过，保靖县的"两茶一果"特色农林产品的经济价值还没有得到充分的体现。黄金茶产业基地需要进一步改善品质。油茶产业正在扩展之中，近几年的造林面积达到了 8 万多亩，油茶基地的培育管理需要落实到位。柑橘产业发展目前则处于低谷期，迫切需要实行低改、品改，继续逐年开展柑橘产业提质增效。

3. 龙头企业带动有待进一步壮大

农户，特别是贫困户，自我发展产业的能力比较弱，需要通过新型农业经营主体特别是龙头企业带动激发贫困户的内生动力，但全县龙头企业数量偏少，全县新型农业经营主体数量仅占全州总量的 16.1%，国家级、省级龙头企业分别只有一家，市场适应性不强，市场效益不高，产业覆盖面不广，带动力不强。

4. 农产品深加工依然落后

目前保靖县农产品精深加工产业发展依然落后，产品附加值低。在调研保靖县鼎盛黄金茶开发有限公司时，可以看出，该企业的茶叶加工生产线还比较落后（见图 1 – 10）；企业负责人说，产品档次目前还提不上去。另外，油茶的后续加工生产也需要及早筹划，高标准、高起点发展。

图 1 – 10　保靖县鼎盛黄金茶开发有限公司加工车间

资料来源：调研组拍摄于 2020 年 9 月 17 日。

5. 农产品流通体系不完善

保靖县近年新建了万吨柑橘仓储加工物流项目，提高了县域农产品流通体系的水平。不过，总体上，县域内冷库、物流、仓储、电商、品牌营销等产业配套设施依然有所滞后，一定程度上造成了农产品的滞销现象。

6. 品牌影响力较弱

保靖县有"茶叶、油茶、柑橘"三大优势农产品，在品牌宣传上明显不足，品牌影响力不够。调研时，当地政府官员和企业负责人都提到，保靖县黄金茶的人工采茶成本高，一斤茶叶的成本为700多元，其中采茶成本就达到500多元；但是茶叶的市场价格并不高，而且有很大一部分是被其他品牌收购，作为其他品牌（比如益阳的安化黑茶）的原料茶叶进入市场，没有充分体现保靖黄金茶的产品价值。

另外，受访部门和企业普遍提出，保靖当地仍然缺乏叫得响、拿得出、用得了的区域农产品公共品牌。目前只有"保靖黄金茶"能够担负起区域公共品牌的重任。今后尚需提升传统名优品牌，创建并推介油茶、柑橘等农业品牌，不断培育壮大保靖农业区域品牌。

7. 农业信息化建设较落后

保靖县的农业信息化教程仍处于刚刚起步的阶段，近年的工作主要涉及农产品流通和食品安全检测信息化建设，在农业基础设施装备信息化、种植养殖管理信息化和自动化方面还需要加强；另外，现有农作物病虫害防治、食品安全检测和农产品流通的信息化也需要升级完善。

8. 基层人才普遍缺乏

调研时，政府部门和企业普遍反映缺乏人才。一方面，基层有文化、有素质的青壮年劳动力大量外出务工，产业发展所需劳动力严重缺乏。另一方面，年轻人在外求学后不愿意回乡就业，县域就业机会和劳动报酬对他们的吸引力较低。

人才缺乏体现在农业产业发展上，可能会产生比较大的消极影响。比如，在调研玉昆菜业位于阳朝乡的智能化育苗温室时，发现温室硬件设施建设规模大、成本高、标准高，但是温室的管理水平较差，温室内生产的木耳等菜品质量参差不齐，有一片黄瓜没有及时清理（见图1-11），说明温室管理水平不高。如果该企业能够聘请到专业人员管理温室生产，就能大大提高温室的经济效益。

图1-11　保靖县玉昆菜业有限公司智能化温室

资料来源：调研组拍摄于2020年9月17日。

（四）推动保靖县农业高质量发展的对策建议

在调研中，保靖县政府官员干部和受访企业领导员工针对他们向课题组反映的困难和问题，提出了对国家政策的期望和建议。结合课题组在本次调研、汇总和分析中的总结和思考，提出如下几条主要的对策建议：

第一，增加农田水利基础设施投入力度，扩大农田水利基础设施建设范围。

第二，打造特色产业生产基地，继续实施特色农产品提质增效。继续实施柑橘低改、品改等，抓好万亩保靖黄金茶标准园建设，开展茶叶提质改造，开展有机茶基地认证。

第三，支持龙头企业发展，对龙头企业给予土地、财税、金融等方面的政策支持。

第四，进一步开发保靖黄金茶、油茶、柑橘等系列食品，大力发展腊肉、腊制品、姜糖等湘西特色风味产品，大力推进食品加工业技术改造和自主创新。承接农产品精深加工龙头企业，吸引国内外知名品牌与当地农业深度合作。

第五，建立健全现代蔬菜流通体系，扶持农产品产地保鲜、贮藏、冷链物流等设施建设。

第六，提升传统名优品牌，创建并推介油茶、柑橘等农业品牌，不断培育壮大保靖农业区域品牌。积极协调相关媒体为保靖产业打广告，提高品牌的影响力。推动品牌与电商相结合，提高保靖品牌的知名度和市场欢迎度。

第七，推动农业全过程信息化。利用现代信息技术改造提升传统农业，加快推进农产品生产、加工、储藏、运输和销售全过程信息化。加强对农业种植结构、布局、农产品产量、重大动植物疫情疫病、农情等影响农产品供给安全因素的监测，建设保靖农村综合信息服务平台，促进信息技术与农业生产管理、经营管理、市场流通、资源环境等深度融合。

第八，提供农业就业优惠政策，增加县域就业吸引力。加强职业教育，推广农业技术推广和培训。

二、永顺县农业发展调研和分析

（一）永顺县农业生产条件

1. 自然生态条件

永顺县是典型的山区农业生产大县。位于武陵山脉腹地，全境以中山、中低山山地貌为主，兼有山原、丘陵、岗地、平原多种类型。属中亚热带山地湿润气候，四季分明，热量较足，雨量充沛，水热同步，温暖湿润；垂直差异悬殊，立体气候特征明显。属沅、澧水系，全县共有大小溪河330多条。植被生长繁茂，全县森林覆盖率达73.82%。部分区域土壤富含硒元素。

永顺县的自然生态条件对于农业生产来说，既有优势又有劣势。其地形、气候、土壤条件适合种植多种农林产品，如水稻、茶、猕猴桃等。永顺县较高海拔（700米左右）的山区为亚热带季风性气候，夏天气温不高、温差大，加之土壤富含硒，种植的猕猴桃品质优良。

劣势在于，永顺县很多地方为岩溶干旱区、移民库区、高寒山区，自然环境差，人均旱涝保收农田面积少。由于县域地形结构复杂，降水在时空上分布不匀，干旱、洪涝、冰雹、冰冻等自然灾害时有发生，对农业生产造成了不利的影响。

与当地政府部门座谈时发现，当地政府充分认识到了永顺县自然生态条件对农业生产的复杂影响，在规划农业生产时，一方面鼓励水稻、蔬菜、猕猴桃等优势农产品的发展，另一方面则强化农业基础设施建设，尽可能减少自然灾害的损失。

2. 土地资源

2019 年，永顺县耕地面积 3.983 万公顷，其中水田 2.999 万公顷，旱地 0.984 万公顷。在耕地红线政策的约束下，近年来永顺县耕地面积非常稳定。但按常住人口计算的人均耕地面积仅为 1.11 亩，耕地稀缺。调研时发现，很多农村家庭现在不太愿意在这人均一亩多耕地上投入太大的精力，一是面积小、产出少，二是在耕种、施肥、除草、收割上需要投入很多精力，很多在外务工人员不愿意多次耽误时间回乡种植。为了不让耕地撂荒，一些人情愿把土地租给别人耕种。这也为当地的土地流转和农业规模化发展提供了一定的空间。

3. 农业基础设施

农业基础设施主要包括农村产业道路、水利工程、农田水利设施（包括灌溉设施和标准化农田建设）、农产品物流设施等。本次调研仅重点考察了农产品物流设施，对其他基础设施则通过座谈、走访和部门汇报材料方式进行了初步的了解。

"十二五"时期，永顺县政府提出县域农业基础设施建设滞后，水利工程、农田道路、农田水利等配套设施不完善，农业保障功能大大降低，与现代农业生产要求不相适应，制约了农业农村经济的发展。为此，"十三五"时期，当地政府实施了中小水库除险加固等防洪治涝减灾工程、酉水大中型灌区渠系配套、"五小水利"工程、高标准农田建设、现代农业机耕道等工程，在很大程度上强化了当地的农业基础设施条件。不过，当地政府提出，在永顺县的山区地形地貌条件的制约下，当地的基础设施建设比其他地势较平的地方成本高很多，是制约当地经济发展的一个重要因素。

（二）永顺县农业发展现状

1. 农业经济发展

对永顺县农业经济发展的考查主要来源于对永顺县各年度统计年鉴和统计公报数据的汇总（见表1－4）。

表1－4 永顺县各年度第一产业产值和农、林、牧、渔、服务业总产值

指标	2015年	2016年	2017年	2018年	2019年
全县生产总值（亿元，当年价）	57.5	61.3	65.9	69.4	86.4
第一产业增加值（亿元，当年价）	15.76	16.7	17.1	16.5	19.2
全县生产总值同比增幅（%）	10.8	5.3	6.1	6.2	6.7
第一产业增加值同比增幅（%）	3.9	3.6	3.7	3.6	3.0
第一产业比重（%）	27.4	27.3	26.0	23.7	22.3
农、林、牧、渔、服务业总产值（亿元，当年价）	26.2	28.0	28.6	27.9	33.2

2019年，永顺县生产总值为86.4亿元，其中第一产业增加值为19.2亿元，一产比重为22.3%。该比重比湘西自治州高出近10个百分点，远远高于湖南省（9.2%）和全国（7.1%）水平。这说明农业产业对于永顺县的经济贡献是很大的。

2019年，永顺县农、林、牧、渔、服务业总产值33.2亿元，其中农业占65.7%、牧业占28.2%、林业占3.9%，其他行业（渔业和农业服务业）仅占2.1%。由此可见，在永顺县的大农业发展中，农业和牧业分别是第一和第二大行业，也是该县农业工作的重中之重。

2015~2019年，永顺县第一产业增加值的增幅始终低于全县生产总值的增幅。以2019年为例，永顺县第一产业增加值的同比增幅仅为3.0%，比全县生产总值低3.7个百分点。相应地，第一产业比重持续下降，从2015年的27.4%下降到了2019年的22.3%。第一产业的增长幅度低于其他行业的增长，这一趋势在另一个调研地保靖县也同样出现。

2. 主要农林牧产品

2015年以来永顺县农林产品种植面积和产量根据各年度统计公报和县统计年鉴数据整理（见表1－5和表1－6）。肉类产量2015年为1.88吨、2019年增加至2.1万吨，蛋品产量稳定在0.2万吨左右，水产品产量稳定在0.4万吨左右，均未列入表内。

表1-5 永顺县各年度种植面积 单位：万公顷

项目	2015年	2018年	2019年	后期比2015年增减（%）
粮食	4.432	3.766		-15.0
其中：优质稻	0.33	0.24		-27.3
豆类	0.286		0.248	-13.3
薯类	1.1		1.1	0.0
油料	1.23		1.06	-13.8
蔬菜	1.0	0.94		-6.0
茶园	0.098	0.13		32.7
药材	0.18	0.25		38.9
烟叶	0.31	0.33		6.5
水果	1.336		1.20	-10.2
其中：柑橘	0.832		0.73	-12.3
弥猴桃	0.339		0.34	0.3
油茶				

表1-6 永顺县各年度农林产品产量 单位：万吨

项目	2015年	2018年	2019年	后期比2015增减（%）
粮食作物	21.3		21.8	2.3
其中：优质稻	2.08	1.59		-23.6
豆类	0.45		0.31	-31.1
薯类	4.74		3.41	-28.1
油料	2.05		1.86	-9.3
蔬菜	12.44		12.69	2.0
茶叶（吨）	140		174	24.3
中药材	0.39	0.13		-66.7
烟叶	0.89	0.64		-28.1
水果	16.47		16.86	2.4
其中：柑橘	10.90		9.94	-8.8
猕猴桃	3.24		4.87	50.3
油茶籽	0.44	0.65		47.7

由表1-5、表1-6可以看出，2015年以来，粮食作物种植面积下降了15%，但是产量基本平稳保持在21万吨以上，居湘西自治州第一位，连续几年跻身全省粮食生产标兵县，说明农作物间产量有很大的提高；蔬菜的种植面积也有所下降，但是产量却有所增加；优质稻、豆类、油料和柑橘种植面积和产量有所下降；茶叶与猕猴桃的种植面积和产量均

有所增加。这说明，近年来永顺县的种植结构发生了一定程度的变化，茶叶和猕猴桃经济价值更高，种植面积不断增加，农业结构不断优化。柑橘则由于市场供应过量、价格下降，种植面积减小。药材的变化趋势比较特殊，种植面积增加，但是产量却有所下降，这可能是种植品种变化引起的。

3. 农业产业化发展

"十三五"时期以来，永顺县农业产业取得了长足的发展。总结调研所得和当地提供的资料，可以认为，永顺县农业产业在产业规模化、产品品牌化、产业主体、深加工、销售体系等方面取得了显著的进展，三产融合也逐渐成熟。

产业规模化方面，永顺县重点发展猕猴桃、柑橘、油茶、茶叶、烟叶、中药材、蔬菜、优质稻和特色养殖9大特色农业，建成农业特色产业基地119万亩，建设了8个万亩产业园、69个千亩产业园、380个百亩扶贫产业园（见图1-12）；建成湖南省优质农产品（猕猴桃）供应基地3.77万亩，柑橘出口基地1万亩。"一乡一业""一村一品"的产业发展格局已经初步形成。

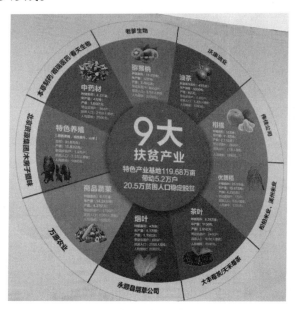

图1-12 位于湘西老爹生物有限公司厂区内的展示牌

资料来源：调研组拍摄于2020年9月15日。

　　产品品牌化方面，品牌数量增多、知名度提高。永顺猕猴桃被确定为湖南省特色农产品，纳为湖南省"一县一特"优势特色农产品指导名录，如图1－13所示。永顺猕猴桃、柑橘、莓茶、松柏大米成功获得国家农产品地理标志保护登记，获得有机、绿色食品认证28个，"二品一标"认证面积达到32万亩。沃康山茶油、松柏大米、溪洲莓茶、湘西椪柑等品牌知名度提高，创优了"果王素""沃康""御扇果王""湘果王""继福老大哥"等企业品牌。

图1－13　永顺县山区的猕猴桃果实

资料来源：调研组拍摄于2020年9月15日。

　　产业主体方面，永顺家庭农场和种养大户已达到1356户，成立了1015家农民专业合作组织（其中国家级示范社4家、省级示范社6家），有235家农产品加工企业（其中国家级龙头企业1家、省级龙头企业5家、州级龙头企业17家）。

农产品精深加工方面，在龙头企业的引领下，永顺县的农产品深加工水平迅速提高。加工贮藏率提升，改变了以往只能出售鲜果的劣势，减少了潜在的市场风险。深加工规模有所扩大，档次有所提高，产业带动力日益增强。湘西老爹生物有限公司是我国农业产业化国家重点龙头企业，该公司产品果王牌 NFC 猕猴桃果汁在第十六届中国国际农产品交易会上获得农产品金奖。2019 年，全县农产品加工业实现销售收入 28.54 亿元，农产品加工率达到 42%，商品率达到 52%。

销售市场体系方面，永顺县建成电子商务公共服务中心 1 个，发展电商规模企业 42 家、快递物流企业 20 家、电商扶贫小店 523 家，联结种养专业合作社 320 家，形成了"基地生产＋企业加工＋电商销售"的产销模式，2019 年全县网上特色农产品销售额达 1.2 亿元。

三产融合逐渐成形。永顺县创建了全国农村一、二、三产业融合发展先导区，引进沃康油业、芙蓉资源、湘西老爹、伟佳柑橘、湘西万源等 23 家龙头企业，推动全县九大特色农产品生产、精加工、综合利用、销售、休闲旅游等一体化融合发展，推广土家乡村游、精品民宿游、生态采摘游等，2019 年休闲旅游农业经营主体年接待游客达 205 万人次，产值突破 11.7 亿元。

2020 年 4 月，永顺县入选 2020 年国家现代农业产业园创建名单，成为全国 31 个之一、湖南省唯一入选县。产业园规划范围涉及芙蓉镇、石堤镇、高坪乡等 5 个乡镇，规划总面积 260.8 万亩，其中以区域优势特色产业猕猴桃、柑橘为主导产业的面积为 22.4 万亩，占全县猕猴桃、柑橘面积的 82.9%。在国家现代农业产业园的创建中，该县将以"提品质、延链条、强品牌、促营销"为主攻方向，推进猕猴桃、柑橘产业生产、加工、仓储、物流、营销、服务为一体的全产业链建设。

4. 农业机械化

近年来，永顺县农业机械化进展加快。全县农机拥有量已经达到 5.9 万台（套）48 万千瓦，农业机械化综合作业水平达到 61%，其中机耕达 95%、机插秧 18%、机播 46%、机收 85%。同时，全县扶持建设现代农机合作社 34 家。

5. 农业信息化

农业信息化是把现代信息技术广泛应用于农业领域。包括农业基础设施装备信息化，种植养殖管理信息化和自动化，农作物病虫害防治和食品安全检测信息化，农产品流通信息化等。

自 2017 年起，永顺县积极推动农业信息化发展。实施了信息服务进村入户工程，依托邮政基点，建设服务站点，将农业信息资源服务延伸到乡村和农户，提供便民服务、电子商务服务、体验服务等；建设了农业农村大数据平台，通过招商引进鼎和电子科技发展有限公司，开展互联网涉农数据智能采集、智能分类、可视化分析、智能关联匹配、精准推送服务，是全方位实现农业信息化的一个前瞻性尝试。总体上可以认为，永顺县的农业信息化进程虽然刚刚起步，但是起点高、内容多、覆盖面广。

（三）永顺县农业发展存在的困难和问题

本次调研中，永顺县政府官员干部、受访企业领导员工畅所欲言，向课题组反映了他们在农业产业发展方面遇到的困难和阻力。具体如下：

1. 农田水利基础设施成本更高

"十三五"时期，当地政府实施了多项水利工程项目，防洪治涝减灾设施，农田道路、农田水利基础设施等方面均有进步，农业基础设施条件大大改善。

不过，永顺县的地形地貌增加了基础设施建设的成本，使永顺县的基础设施投资强度要高于其他地区。再加上永顺县自然灾害多发，对当地农业基础设施建设的要求就更高，加大了永顺县农田水利基础设施建设的资金缺口。

2. 农业产业投入不足

近年来，由于全国柑橘市场疲软，价格持续走低且回升缓慢，加上永顺县橘园树体老化、品种结构不合理、品改资金缺乏，产业低质低效问题普遍存在，提质增效工作还没有完成。另外，猕猴桃、油茶等新兴特色产业的建设成本高、投入需求大、投资回收期较长，增加了产业发展的阻力。传统产业和新兴产业的现代化都需要更大的投资拉动力。永顺县是国家级贫困县、红色革命老区，经济基础薄弱，政府财力有限，对现代农业建设资金投入相对力度不足。同时由于涉农项目资金涉及多个部门，条块分割严重，资金使用分散，缺乏有效整合，项目资金效益没有得到充分发挥，不同程度制约了现代农业发展步伐。

3. 产业发展创新驱动力不强

近几年，永顺县的农业产业得到了全方位的提升，从规模化、品牌化、体系化、三产融合方面都有了长足的进步，目前是农业产业跨越式转型升级发展、迈向中高端的大好时机。以猕猴桃产业为例，该产业要走高质量发展道路，需要加大其创新驱动力，在种植品种、种植技术、农药减量增效、精深加工等方面都要有充分的科技驱动力。湘西老爹生物有限公司是我国农业产业化国家重点龙头企业，课题组在调研时发现，该公司与科研院校合作，取得了数项科研成果，取得了国家专利，为企业的长远发展注入了动力。但是其他产业发展，如柑橘、茶叶、油茶等传统和特色农产品种植和精深加工发展的创新驱动力仍然不足。

4. 区域公共品牌价值需进一步提升

农产品区域公共品牌以区内独特的自然资源或产业资源为基础，为区域内组织、企业和个人等共同所有。采用区域品牌类型创建农产品品牌，不仅能促进产品销售，还能提高区域形象。"永顺猕猴桃"正是这样一种区域公共品牌。

不过，永顺县在发展永顺猕猴桃区域公共品牌方面的工作力度还不够，区域公共品牌价值提升成效不太显著。课题组走访当地猕猴桃种植基地和销售企业时，感受到他们对当地猕猴桃的市场价格并不满意。他们认为，永顺猕猴桃自然生长在空气清新无污染的山区环境中，果实水分足、清甜可口，营养丰富，品质独特，具有明显地域特色，这么好的水果在市场上只能卖几块钱一斤，而其他更有吸引力的品牌，市场价格能达到永顺猕猴桃的好几倍还不愁销路。今后尚需提升传统名优品牌，创建并推介油茶、柑橘等农业品牌，不断培育壮大永顺农业区域公共品牌。

5. 农产品流通配套设施还需继续完善

永顺县近年新建了大规模的仓储加工物流项目，提高了县域农产品流通体系的水平，但还不能完全满足县域内大量农产品的物流集散需求。

6. 农业信息化建设不全面

永顺县农业信息化进程虽然刚刚起步，但是起点高、内容多、覆盖面广。目前已经实施了信息服务进村入户，建设了农业农村大数据平台。但在农业基础设施装备信息化，种植养殖管理信息化和自动化，农作物病虫害防治和食品安全检测信息化，农产品流通信息化等方面还需要更进一步。另外，永顺县正在推广三产融合，推动全县九大特色农产品生产、精加工、综合利用、销售、休闲旅游等一体化融合发展。永顺县农业信息化还应该为三产融合提供充分的支撑。

7. 基层人才普遍缺乏

调研时，政府部门和企业普遍反映缺乏人才。一方面，基层有文化、有素质的青壮年劳动力大量外出务工，产业发展所需劳动力严重缺乏。另一方面，年轻人在外求学后不愿意回乡就业，县域就业机会和劳动报酬对他们的吸引力较低。

（四）推动永顺县农业高质量发展对策建议

在调研中，永顺县政府官员干部和受访企业领导员工针对他们向课题组反映的困难和问题，提出了对国家政策的期望和建议。结合课题组在本次调研、汇总和分析中的总结和思考，提出如下几条主要的对策建议：

第一，增加农田水利基础设施投入力度，扩大农田水利基础设施建设范围；加大农业产业投入规模和强度。捆绑使用全县各类项目建设资金，集中人力、物力、财力向优势产业、优质农产品基地建设倾斜。

第二，继续打造农业产业生产基地、实施传统和特色农产品提质增效。做大、做强、做优柑橘出口基地、南方最大猕猴桃基地县、"全国第一个莓茶原产地保护县"、松柏生态香米基地等。

第三，支持龙头企业发展，发挥龙头企业的产业引领作用，对龙头企业给予土地、财税、金融等方面的政策支持。承接农产品精深加工龙头企业，吸引国内外知名品牌与当地农业深度合作。

第四，通过产学研结合，推进农业技术改造和自主创新，进一步开发系列农产品和精深加工食品，发展永顺湘西特色风味产品，提高永顺县农产品的食品安全与品质。

第五，建立健全现代蔬菜流通体系，扶持农产品产地保鲜、贮藏、冷链物流等设施建设。推进猕猴桃、柑橘产业生产、加工、仓储、物流、营销、服务为一体的全产业链建设。

第六，培育壮大永顺农业区域品牌。积极协调相关媒体为永顺产业打广告，提高品牌的影响力。推动品牌与电商相结合，提高永顺品牌的知名度和市场欢迎度。

第七，推动农业全过程信息化。利用现代信息技术改造提升传统农业，加快推进农产品原料投入、生产、加工、储藏、运输、销售的全过程信息化；加强对农业种植结构、布局，农产品产量，重大动植物疫情疫病，农情等影响农产品供给安全因素的监测。

第八，提供农业就业优惠政策，增加县域就业吸引力；加强职业教育，推广农业技术推广和培训。

第四节　保靖县和永顺县文旅产业发展调研和分析

一、保靖县文化旅游产业发展现状、问题与对策

（一）保靖县文化旅游产业发展现状

1. 旅游产业快速发展

2019 年保靖县旅游产业稳步发展，总体发展呈上扬趋势，截至 1～9 月接待游客人数 208.56 万人，实现旅游总收入 12.74 亿元，同比增长分别为 14.04% 和 18.98%。

2. 全局旅游格局初具雏形

紧扣国家旅游精准扶贫、全域旅游战略方针的实施，围绕湘西自治州建设国内外知名的生态文化公园和旅游目的地，以及打造土家族、苗族两条精品乡村旅游线的工作部署，积极构建"一心、二核、三区、四环"的全域旅游格局——一心是指迁陵镇休闲集散中心；二核是指"八峒之首，土家圣地"的首八峒景区和"吕洞秘境，苗祖圣山"的吕洞山景区两个核心旅游产品；三区是指土家文化体验区、苗族文化体验区、土家苗寨融合区；四环是指环首八峒八部大王庙、环吕洞山风景名胜区、环酉水画廊、环白云山自然保护区。

一心：迁陵镇休闲集散中心。以县城迁陵镇为依托，完善旅游综合功能，全力打造保靖旅游休闲集散中心，实施"酉水明珠工程"，带动保靖城镇化建设。

二核："八峒之首，土家圣地"的首八峒景区和"吕洞秘境，苗祖圣山"的吕洞山景区两个核心旅游产品。将首八峒八部大王庙打造成土家族的精神家园，使之成为土家文化的"珠穆朗玛峰"，抢占土家文化制高

点；将吕洞山打造成为世界苗族的精神家园，使之成为世界苗族的"麦加城"，抢占苗族文化制高点。

三区：土家文化体验区、苗族文化体验区、土家苗寨融合区。以碗米坡首八峒为中轴，合理开发普戎、碗米坡、迁陵镇、比耳、清水坪、毛沟等乡镇土家山寨原生态土家文化深度体验游产品；以吕洞圣山为中轴，合理开发吕洞山、葫芦、水田等乡镇5262原生态苗寨群落苗族文化体验游产品；以阳朝米溪沟为中轴，合理开发阳朝、长潭河、葫芦、水田、复兴等乡镇的土家族苗族融合文化，打造民族团结融合的旅游体验产品，抢占民族团结文化制高点。

四环：环首八峒八部大王庙、环吕洞山风景名胜区、环酉水画廊、环白云山自然保护区。做精、做强、做大"首八峒景区、吕洞山景区、酉水画廊景区、白云山景区"四大核心旅游产品，以此辐射带动环四大景区其他相关产业，充分发挥旅游拉动作用。

3. 精品旅游路线布局日趋完善

围绕全县土家文化、苗族文化、土家苗族融合文化三大块文化体验区，精心设计了"寻根土家之源首八峒、寻古水上丝路酉水河、寻梦龙母之家白云山、寻觅凤姐之巢牙科松、吕洞圣山探秘、五行苗寨探幽、黄金茶谷探源、千里苗疆探险、土家苗汉融合体验"九条旅游精品体验线路。

4. 文化品牌数量增加

经过多年的努力，保靖县文化旅游品牌数量不断增加。截至2019年底，保靖县已经有国家AAA级景区1个（吕洞山风景区）、国家级自然保护区1个（白云山国家自然保护区）、国家湿地公园1个（保靖酉水国家湿地公园）、国家重点文物保护单位2个（汉代四方古城遗址、魏家寨西汉古城遗址），待批1个（保靖黄金茶古茶树）、国家级非物质文化遗产保护名录8个、全国文明村1个、中国少数民族特色村寨2个、中国传统村落23个、全国乡村旅游扶贫5273重点村20个、湖南省最美少数民族特色村镇2个、湖南省美丽少数民族特色村镇1个、湖南省经典文化名镇1个、湖南省历史文化名镇名村3个、湖南省美丽乡村示范村5个。

（二）保靖县文化旅游产业发展存在的问题

保靖县旅游产业发展整体上仍处于起步阶段，不可避免地会存在诸多问题：

1. 旅游景区品牌效应弱，市场认可度不高

保靖县缺乏全国知名的旅游景点，而且受制于交通地理、地方财政以及企业参与的影响，旅游产品品牌塑造以及产品营销力度不足，使得其缺乏切合市场需求的精品旅游景区，旅游市场认知度不高。

2. 产业整体规模较小

保靖县总体上旅游业态较为单一，商务游、度假游、康养游等新兴旅游业态还未形成，民族文化挖掘、节庆品牌打造刚刚起步，旅游商品主要集中在黄金茶，还不能满足游客多层次需求。仅有的 A 级以上景区吕洞山景区，未实现公司化营运管理，以陇木峒为龙头的乡村游接待能力普遍不高。而且受制于国家级贫困县的现实，缺乏有重大牵引作用的大型、精品旅游项目，缺乏有一定经验及规模的旅游企业，市场竞争力不强。

3. 专业人才比较匮乏

专业旅游管理与服务人才匮乏，导致整体旅游服务水平不高，大多数旅游企业和旅游接待人员服务意识和服务技能偏低。旅游行业和景区、景点管理水平标准不高，旅游从业人员中懂业务、会管理的专业人才和复合型人才缺乏，不能很好地满足行业快速发展的需要。

4. 区域合作不够紧密

保靖县在全州旅游网络中的地位相对较弱，对周边市县文化旅游产业发展研究不深，与周边地区旅游交流协作还处于浅层次、单渠道状态，没有形成客源互补、资源共享、政策互利的合作共赢态势。

5. 配套设施建设滞后

保靖县绝大部分景区还没有游客中心、停车场、旅游厕所、旅游标识系统等配套服务设施。县内还没有一家高星级酒店，现有的酒店、农家乐档次不高，接待水平低下，远远不能满足游客需要。

6. 景区产品缺乏民族特色

由于对旅游系统的理解流于片面，导致旅游规划只着重于旅游目的地和旅游有形因素的规划，过分强调某种旅游资源的理论价值，而对市场、政策、媒介等因素往往过于忽视，因此导致地方旅游产品过度雷同，缺乏独特性和竞争力，从而使得巨资开发的旅游项目在短暂繁荣后迅速衰落，造成内容雷同的主题旅游项目的相互扼杀。

（三）保靖县文化旅游产业发展对策

1. 保靖县旅游产业空间战略布局

优化保靖旅游资源现状，以一座山（吕洞秘境，苗祖圣山——吕洞山）、一条河（中国南方水上丝绸之路——酉水风情画廊）、一个峒（土家之源，八峒之首——首八峒）、一个城（千年传奇，迁陵古镇）、一片茶（保靖黄金茶）为空间布局核心要素，把握全域旅游产业发展趋势，加快实施"一心一带，双擎驱动，两翼腾飞，全域发展"全域旅游发展空间战略（见图1-14）。其中，"一心"是指迁陵镇，"一带"是指中国南方水上丝绸之路——酉水画廊，"双擎"是指吕洞山旅游区、首八峒旅游区，"两翼"是指土家族民俗风情观光休闲体验翼（保靖县北部土家族聚居区域）、苗族民俗风情休闲养生度假翼（保靖县南部苗族聚居区域）。

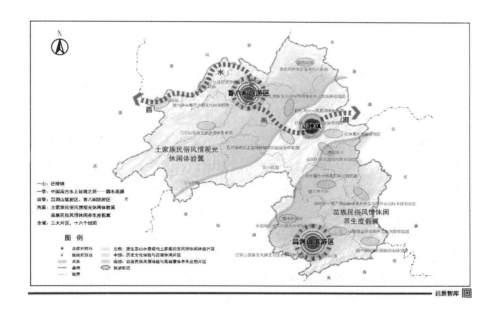

图1-14　保靖县全域旅游空间规划

资料来源：远景智库《保靖县全域旅游总体规划》。

最后，"全域"则包括保靖区三大片区，十六个组团（见表1-7）。

表1-7 保靖县全域旅游发展功能分区（三大片区，十六组团）

地区分布	片区名称	支撑组团
中部	历史文化体验与近郊休闲片区（5个组团）	①迁陵古镇历史文化体验组团；②阿扎河—风洞河峡谷组团；③红石海欢乐王国与利福村田园综合体组团；④花井黑冲沟峡谷组团；⑤近郊山水田园观光休闲组团
南部	苗族民俗风情体验与高端康体养生度假片区（6个组团）	①吕洞山苗族文化朝圣与生态休闲养生度假组团；②葫芦真国茶村田园综合体组团；③保靖黄金茶康体养生休闲度假组团；④阳朝乡—葫芦镇苗族中医药养生与户外运动科考探险组团；⑤涂乍魔力卡特青石林公园组团；⑥水田河乡土文化观光休闲体验组团
北部	原生态山水景观与土家族民俗风情休闲体验片区（5个组团）	①普戎森林生态观光休闲组团；②首八峒土家族文化寻根与碗米坡乡土民俗体验组团；③白云山生态文化休闲体验组团；④比耳艺术小镇文化体验组团；⑤清水坪古商贸小镇文化体验组团

2. 精准定位价值需求与发展模式

在经济全球化和一体化作用下，世界旅游业呈现跨领域、跨行业、跨产业融合的发展趋势。保靖县作为以民族文化为本源的旅游业，应该充分发挥特色区域文化与独特自然景观优势，以全球化视野和国际化眼光定位旅游发展，提升保靖县在全省、全国，乃至全球文化旅游中不可替代的地位。最重要的就是要把独特的自然景观和富集的民族文化有机结合起来，打造世界级文化旅游目的地、国家级民族文化生态保护典范、区域文化旅游产业高地，使文化旅游业成为保靖县的战略性主导产业，为湘西在武陵山区实现率先发展、率先脱贫发挥中坚作用。保靖是湘西唯一具备土家族、苗族两条精品线路的县，境内自然风光秀丽，民族风情浓郁，因此保靖县的全域旅游的发展要以乡村旅游为主导，大力开发休闲旅游资源和市场，促进全域旅游发展。

精准定位价值需求，彰显产业带动功效，大力开发保靖黄金茶文化，促进保靖黄金茶产业链条上各形态之间信息的有效传递、物质的充分交流，将资源优势转化为持续的产业优势。盘活保靖酉水湿地公园、白云山国家级自然保护区、酉水·吕洞山省级风景名胜区等优质自然资源和土家织锦、苗绣、特色饮食等优势文化资源存量，打造乡村旅游消费的新亮点。

精准定位发展模式。按照因地制宜、突出特色、合理布局、和谐发展的原则，塑造差异化产品，做到一乡一品、一村一格。一是农家乐旅游模式。普戎镇亨章村，迁陵镇陇木峒村、和平村、泗溪河村等，利用自家庭院、自己生产的农产品及周围的田园风光、自然景点，以低廉的价格吸引游客前来进行食、住、玩、游、娱、购等旅游活动。二是传统村落旅游模式。以吕洞山镇夯沙村、夯吉村、吕洞村为代表的五行苗寨村落群，及吕洞山3A级景区内及周边村寨，以苗族古村宅院建筑和新农村格局为旅游吸引物，开发观光旅游。三是民俗风情旅游模式。碗米坡镇沙湾、首八峒，吕洞山镇夯沙，普戎镇亨章等要开发农耕展示、民间技艺、时令民俗、节庆活动、民间歌舞等旅游活动，增加乡村旅游的文化内涵。四是田园农业旅游模式。吕洞山镇黄金村、国茶村、茶岭村可借助保靖黄金茶大力发展茶业公园。五是科普教育旅游模式。清水坪镇魏家寨村利用西汉魏家寨古城国保资源，迁陵镇四方城村利用汉代四方古城国保资源，大力发展科普教育旅游模式。六是休闲康养旅游模式。碗米坡镇白云山村等，可利用农村优美的自然景观、奇异的山水、绿色森林、静荡的湖水，发展观山、赏景、登山、森林浴等旅游活动，让游客感悟大自然、亲近大自然、回归大自然。七是休闲度假旅游模式。毛沟镇巴科村、迁陵镇通坝村，可结合田园景观和民俗文化，兴建一些休闲、娱乐设施，为游客提供休憩、度假、娱乐、餐饮、健身等服务。

3. 提高品牌塑造及营销能力

保靖县旅游资源丰富，拥有10多个国字号生态和文化旅游品牌。当前，应深入挖掘神秘文化、奇异风情、诗画山水、传奇边城、生态净土等地域文化特质，在原"神秘湘西"品牌的基础上，丰富、提升、凝炼出"魅力湘西"新品牌，构建传承性、创新性、差异化的旅游文化品牌体系。包括"欢乐保靖"，以民族节会为重点，开发民俗风情旅游产品；"山水保靖"，以亲近自然为主题，打响酉水河、白云山、吕洞山等国字号绿色生态文化招牌，开发生态旅游产品；"传奇保靖"，以四方城秦汉历史、保靖土司抗倭、吕洞山苗族风情为主题，开发历史文化旅游和民族文化旅游产品；"梦幻保靖"，以古村生态、民俗资源为主题，加速推进"百千万"特色民居保护工程，启动故乡寻梦休闲旅游。

品牌是旅游的生命力。在当前的品牌清单基础上，有必要运用市场化手段，打造保靖黄金茶——中国最好的绿茶，吕洞山——苗族人民心中的圣山，五行苗寨——华中最大的原生态少数民族村落群，首八峒——土家发源、八峒之首，碗米坡平湖——酉水的心脏等精品线路。提高当前品牌影响力依赖于多元化的市场营销手段。一方面，要注重市场营销，打造节会品牌。充分利用保靖黄金茶推介会、吕洞山苗族生态文化艺术节、首八峒土家山歌会等旅游节庆活动，树立保靖乡村旅游优势形象，打造以乡村旅游为主题的特色品牌。另一方面，要创新营销策略。大力发展资本＋乡村旅游、互联网＋乡村旅游、众筹＋乡村旅游、扶贫＋乡村旅游等模式，实现平台共建、品牌共创、价值共享的包容性发展。

4. 加强生态文化融合

一方面，注重与生态建设的深度融合。严格坚守生态红线，实施千里生态走廊建设，推进绿化保靖三年行动计划，鼓励农民使用清洁能源，加快环境保护的硬件建设。加大生态公益林、生态植被和生态敏感点的保护，实施石漠化、矿山、河道等生态修复保护工程。深入推进环境污染源综合治理，对区域内的污染企业、沿途垃圾、河道进行整治和清理，修建环保厕所、集中垃圾和污水处理系统，全面提升乡村旅游环境。

另一方面，注重与文化塑造的深度融合。充分利用土家族、苗族歌舞、民间故事等优势资源，发掘一批本地旅游"故事"；充分利用保靖特产、特色文化、民间工艺、本地美食等，发展一批本地旅游产品；充分利用农家乐园、休闲山庄、采摘果园、四季花海等主体，搭建一批本地旅游平台，在乡村旅游庭院设计、环境美化、建筑风格以及桌椅用具等方面彰显自然与当地文化魅力，推进"土家之源""神秘苗乡"两条文化旅游精品线路建设。加快做好四方城古城的修复，挖掘战国粮窖、西汉青铜冶炼场和青铜扁钟与古代山河祭祀文化；推进水银场汛堡、涂乍碉堡、马路屯堡、印山台汛堡等明清军事城堡群的修复和开发。

5. 加强配套基础设施建设

将旅游项目纳入专项建设基金支持领域；鼓励金融机构在信贷资源配置、金融产品和服务方式创新、信贷管理权限设置等方面，向乡村旅游重点村倾斜；整合政策资金加大投入，加快节点城镇的路网建设，规划建设沿线旅游配套服务设施工程，提供方便、多样、生态的交通换乘服务；加强公共服务设施建设，在乡村旅游区设置游客服务中心，完善标识标牌系统，修建足够的生态停车场，推进旅游厕所建设，提供智慧旅游及免费 Wi-Fi 服务，以满足乡村休闲旅游需要。

6. 加强资金与人才保障

一方面，注重投资融资。加快推进农民承包地、宅基地和农村集体经营性建设用地确权登记办证等基础工作，加大集体土地以出租、入股等转让方式有序流转力度，吸引社会资本与行政村合作共建项目。引导支持农民成立旅游服务公司或农民协会，采取公司＋农户、协会＋农户等合作形式，鼓励将集体土地、山林、河湖以及农民的承包地、宅基地、房屋等集聚到旅游发展公司，争取涉农项目或作抵押物申请银行贷款。探索设立"乡村旅游建设项目风险专用资金"，鼓励支持农信担保公司和中小企业信用担保机构、村镇银行改革创新对乡村旅游建设的贷款方式，扩大有效担保物范围，适当降低贷款门槛和基准利率。动员社会资本参与乡村旅游，运用税收优惠、财政补助、贷款贴息、先建后补、奖补结合等手段，积极引导村企共建，吸引社会资本进入游客服务中心、停车场、精品度假酒店、客栈（庄园）和各种休闲设施领域。

另一方面，注重人才建设。引入星级服务规范和景区管理经验，积极推行标准化管理服务。强化人才队伍培养，注重从吉首大学、湘西职院以及相关高等旅游院校中吸引一定数量的专业人才，在保靖县职业中专建立开设旅游专业课程，培养旅游管理人才。加大培训，整合阳光工程培训、农民创业培训、绿色证书培训等项目，为保靖县全域旅游发展提供技术支撑。

7. 保障核心项目顺利开展

根据保靖旅游资源空间分布、旅游产业发展现状及趋势、区位交通特点，以"圣地保靖，黄金茶乡"的主题定位，立足打造国内知名的原生态土苗风情生态文化体验旅游目的地的战略目标，构建保靖全域旅游项目体系，逐步推进全域旅游建设。重点保障"山水侗城茶"等五大核心项目（见图 1-15）。其主要的发展思路和发展目标在于：

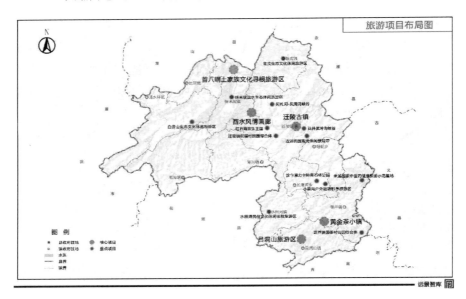

图 1–15 保靖县全域旅游发展规划（旅游项目布局）

资料来源：远景智库《保靖县全域旅游总体规划》。

（1）山——吕洞山旅游区。吕洞山的旅游开发资源优势得天独厚，在大湘西区域范围内具有独特性和垄断性，应作为保靖县发展旅游的突破口和旅游开发工作的重心。以吕洞山苗族生态博物馆为主题，利用对吕洞山自然地理环境的营造，挖掘苗族文化和生态文化内涵，打造吕洞朝圣、苗寨休闲、文化探秘、户外游憩的国际知名旅游目的地；塑造"吕洞秘境，苗祖圣山"的文化旅游形象；近期要融入乾州景点圈，互补德夯旅游区，共同打造国家 5A 级景区；中远期要申报和打造湘西境内的世界自然和文化双遗产旅游区。其目标在于，打造世界自然与文化遗产、国家 5A 级旅游景区。

（2）水——酉水画廊。依托酉水，穿珠成链，织就湘西醉美民俗风情画廊，并打造便捷、舒适的水陆联通立体交通网，连接以芙蓉镇、坐龙峡、猛洞河与红石林组成的栖凤湖旅游圈和以里耶、八面山与洗车河为支撑的里耶旅游片区两个增长极，推动酉水旅游创新发展。其目标在于，打造湘西自治州最重要的水上旅游线路，中国南方水上丝绸之路。

（3）峒——首八峒。打造首八峒土家文化寻根旅游区。一是依托沙湾八部大王庙遗 584 湖南省《保靖县全域旅游发展总体规划（2018－2030 年）》16 址，利用土家族八部大王的传说及沙湾村民俗文化等旅游资源，打造集土家源头文化体验、土家族民俗文化体验、八部大王祭祀文化体验、山水风光观光游览于一体的综合性旅游景区。二是突出"土家之源，八峒之首"的文化底蕴，同时佐以酉水文化、独特人文及自然景观，使首八峒景区在众多以"土家文化"为文化底蕴的旅游区中脱颖而出，既不离本又具有不可复制性，从而增加景区的品牌美誉度和景区知名度。树立首八峒"土家八峒之首"的形象，将首八峒八部大王庙打造成土家族的精神家园，使之成为土家文化的"珠穆朗玛峰"，抢占土家文化全国制高点。其目标在于，打造中国土家族寻根祭祀之地与国家 4A 级旅游景区。

（4）城——迁陵古镇。讲好小城故事，建设活力迁陵。一是深入挖掘迁陵历史文化，原址重建四方城，再现西汉传奇风云；二是对县城周边的土碧、洞庭与和平三村进行保护性开发，重点建设土碧茅古斯文化园、洞庭古村和格则湖滨水休闲旅游区；三是对目前的酉水公园、酉水悬棺、钟灵山宝塔等景点景观进行提质改造，增强旅游吸引力；四是进一步推进县城的娱乐休闲、旅游购物、旅游接待、滨水景观、停车场所等建设，提高迁陵镇的旅游服务水平和旅游集散中心能力，打造一个依山傍水、景色秀美、底蕴深厚、活力无穷的特色旅游小镇。其目标在于，打造中国文化旅游特色小镇以及国内知名的历史文化旅游目的地。

（5）茶——黄金茶小镇。"保靖黄金茶"具有"高氨基酸、高茶多酚、高水浸出物"和"香、绿、爽、浓"的品质特点，被誉为中国（世界）最好的茶，"一两黄金一两茶"的广告深入人心。早期春茶氨基酸含量高达 7%，是同期绿茶的 2 倍以上，且茶多酚含量高达 20%，所制产品滋味醇爽、浓而不苦，耐冲泡，回味好。顺应健康产业成为超千亿产业的时代趋势，从人们日益增长的康体养生需求出发，整合吕洞山周边的产茶村寨，规划中国最具影响的茶旅融合特色小镇。其目标在于，打造中国茶旅融合第一镇，国内知名的康体养生旅游目的地。

二、永顺县文旅产业发展现状、问题与对策

（一）"十三五"时期永顺县文化旅游产业发展情况

1. 旅游产业发展迈上新台阶

2019 年全县接待游客 832.85 万人次，实现旅游总收入 73.72 亿元，分别同比增长 8.55%、36.65%，超额完成"十三五"期末接待人次 700 万人次和旅游收入 30 亿元的目标任务。截至 2019 年底，全县共有国家 4A 级旅游景区 3 个、3A 级旅游景区 3 个、省级五星级乡村旅游区点 3 个、省级四星级乡村旅游景点 2 个、省级三星级乡村旅游区点 1 个、省级二星级乡村旅游区点 1 个，全县 7 个重点景区进入市场。经过大力宣传，"神秘湘西·土司王城"品牌知名度美誉度持续提升，全年接待游客 832.85 万人次，实现旅游收入 73.72 亿元，分别增长 25.9%、26.1%。

2. 旅游配套设施建设成效显著

永顺县已经高标准建成了老司城、猛洞河、芙蓉镇 3 个游客服务中心，而且，老司城生态停车场等 7 个停车场投入使用。全县旅游接待住宿床位数 17562 张，入住率 72%，其中三星级酒店 1 家、二星级酒店 3 家。通过实施三年厕所革命计划，已经完成旅游厕所建设 31 座、公厕 3 座，其中 A 级厕所 6 座，在建景区第三卫生间 5 座、乡村旅游 A 级厕所 23 座。为进一步提升景区服务能力以及服务质量，芙蓉镇完成了综合管网入地改造、夜景亮化升级工程，并荣获"湖南省十大特色文旅小镇"。老司城也开始启动 5A 级景区创建，湘西地质公园博物馆建成投用，塔卧成功创建国家 3A 级景区。

3. 乡村旅游脱贫效果显著

围绕"土家探源"生态文化旅游精品线路建设，永顺县重点打造了司城村、双凤村、那必村、西那等 9 个乡村旅游示范村，同步推进了小溪、场坪等 15 个重点村的乡村旅游脱贫工作。总体上，永顺县累计创建 3 家 5103 星级农家乐、3 家特色民宿、2 家特色旅游商品。2019 年，乡村旅游接待人次达 270.93 万人次，实现旅游收入达 7.16 亿元，带动脱贫人口 1742 人。

4. 芙蓉镇高铁设站引领永顺进入高铁时代

张花高速、龙永高速、禁老公路、大湾至老司城公路建成通车，成

功争取张吉怀高铁在芙蓉镇设站，永顺县旅游交通开始进入了高铁时代。芙蓉镇高铁站建在新城社区（张家坡旧址），项目总投资40510万元。其中，站前广场位于芙蓉镇站站房主体西北侧，占地面积3.1公顷，按三层布局，包括广场及广场道路建设，道路总长约0.9千米；截至目前，项目完成征地600余亩，征拆安置区初步选址于孔坪、大坝、石家坳、泽木溪4处并启动实测，场地平整基础工程。

调研案例一：永顺县芙蓉镇

芙蓉镇，本名王村，是拥有2000多年历史的古镇，因宏伟瀑布穿梭其中，又称"挂在瀑布上的千年古镇"，为国家AAAAA级景区。芙蓉镇位于湘西土家族苗族自治州境内的永顺县，与龙山里耶镇、泸溪浦市镇、花垣茶峒镇并称"湘西四大名镇"，又有酉阳雄镇、"小南京"美誉。电影《芙蓉镇》在此拍摄，遂更名为"芙蓉镇"。

芙蓉镇是土家族的聚集地，拥有独特的苗家风情文化，包括悠久的历史文化、自然生态风光、饮食文化、特色建筑以及土家服饰文化等。从历史文化看，芙蓉镇已经有超过三千年的历史，因酉水河贯穿古镇，其在古代也被称为"酉阳雄镇"；芙蓉镇生态优美，自然风光令人震撼，芙蓉镇的瀑布从上面飞流而下，声音巨响如雷，因此具有"挂在瀑布上的千年古镇"的称号；芙蓉镇饮食文化也源远流长，无辣不欢反映了其独特的湖南以及民族特色，包括天下第一螺、土家腊肉、土家酸菜以及米豆腐等；特色建筑方面，主要以古老的瓦片建筑和吊脚楼为主，具有浓重的土家文化风情；最后，土家服饰文化方面，土家族人民擅长绣花和织锦，著名的土家族织锦就来源于此，他们将土家织锦称为"西兰卡普"。

在湘西自治州全域旅游发展规划的推动下，芙蓉镇近些年旅游产业有了较大的发展。但通过调研发现，芙蓉镇旅游产业发展面临着诸多问题：第一，本地人主要以旅游产业发展为依托，但由于经验的缺乏以及市场资金的支持，其本地产品与湘西自治州都具有同质化竞争的问题。比如，对于特色小吃米豆腐而言，自从拍摄电影《芙蓉镇》之后，一夜之间米豆腐店在大街小巷如雨后春笋般兴起。第二，旅游景点小且旅游基础设施建设滞后。芙蓉镇游客服务接待中心规模较小，每年在旅游旺季接待游客捉襟见肘，而且旅游景区人员整体素质需要提升。第三，宣传力度不足。景区管理公司在品牌宣传以及营销方面投入的资金较少，而且景区接待人员也缺乏宣传意识，使得芙蓉镇的游客大都集中在州内或者省内，在全国缺乏品牌影响力。

调研案例二：湘西世界地质公园博物馆

2020 年 7 月 7 日，在法国巴黎召开的联合国教科文组织执行局第 209 次会议中，湘西世界地质公园获批联合国教科文组织世界地质公园称号。湘西世界地质公园位于中国湖南省湘西土家族苗族自治州，地理坐标为北纬 28°06′49.23″ ~ 29°17′24.26″，东经 109°20′13.66″ ~ 110°04′12.55″，面积 2710 平方米。公园地处云贵岩溶高原东部边缘斜坡地带，以全球寒武系标准层型剖面——古丈阶与排碧阶"金钉子"——世界上规模最大的红色碳酸盐岩石林和蔚为壮观的高原切割型台地——峡谷群等地质遗迹为主要特色，兼有典型的地质构造事件、古冰川气候事件与古生物遗迹等诸多典型地质现象，完整记录了扬子地台演化历史以及云贵高原边缘切割—破碎—解体过程。

园区古朴的少数民族文化与台地—峡谷、自然生态完美结合，构成自然、优美、和谐的人居环境，共同造就了神秘独特的武陵山区民族生态文化圈，吸引着世界各地的游客。2020 年"十一"黄金周期间，位于湘西世界地质公园的矮寨奇观景区、芙蓉镇景区也分别接待游客 23.52 万人次、12.52 万人次，成为推动湘西全域旅游发展的重要动力。

湘西世界地质公园博物馆位于永顺县芙蓉镇，建筑面积为 4876 平方米，馆内分为"金钉子厅""红石林厅""台地峡谷厅""矿产资源厅""生物生态厅""历史文化厅""世界地质公园特展厅""地质公园与社区发展厅"8 个厅，是一个集收藏、保护、研究、展示、宣教五大功能于一体的综合博物馆。根据上级部门安排部署，湘西世界地质公园博物馆在严格落实疫情防控措施的前提下，决定自 2020 年 10 月 1 日起对外开放，欢迎游客朋友们参观，我们调研组在开馆之前，非常有幸成为第一批外地调研团队。拍摄馆外景与内景如图 1 - 16、图 1 - 17 所示。

图 1 - 16 湘西世界地质公园博物馆

资料来源：调研组拍摄于 2020 年 9 月 18 日。

图 1 - 17 湘西世界地质公园博物馆内景一瞥（红石林厅）

资料来源：调研组拍摄于 2020 年 9 月 18 日。

（二）永顺县文化旅游产业发展存在的问题

1. 景区配套基础设施建设相对滞后

部分重点景区配套基础设施建设水平比较落后。以调研地芙蓉镇为例，当前的游客服务中心已经难以适应日益增加游客的需求，而且星级宾馆、夜芙蓉镇升级配套设施建设还存在较大的资金缺口。除了芙蓉镇、老司城等几个知名的旅游景区之外，其他分散的旅游景点面临的配套基础设施建设不足的问题更为严重，未来需要加强游客服务中心、生态停车场、民宿客栈、游步道、观景台、登山索道、环保公厕及其他基础配套设施的建设。

2. 旅游资源整合力度不足，品牌吸引力较弱

除了芙蓉镇以及老司城之外，永顺县其他景区缺乏一定的市场知名度以及品牌吸引力。单纯依赖几个重点景区的发展，无法营造永顺县全域旅游发展格局，而且对地方经济发展以及扶贫的带动效果也较弱。一方面，永顺县芙蓉镇和老司城两个核心景区面临着品牌定位不清晰、宣传力度不足以及文化底蕴挖掘力度弱的问题，使得景区的发展缺乏一定的后劲支撑；另一方面，旅游景区、旅游线路以及交通线路尚未能够有效整合，以芙蓉镇、老司城、小溪、塔卧等核心景点为基础的旅游精品线路还处于规划阶段，尚未形成全域旅游发展的基本格局。

3. 资金以及人才要素保障不足

永顺县文旅产业发展面临着资金以及人才保障不足的问题。一方面，永顺县地处山区，财政收入主要依赖于农业以及旅游产业，工业发展水平相对滞后，单纯依赖政府财政投入无法满足旅游基础设施建设的需求。而且由于交通不便以及品牌知名度不高，景区的开发也难以吸引企业以及其他社会资本的参与。而且受新冠肺炎疫情影响，永顺县2020年上半年财政收入也出现了大幅度下滑的局面，也为文旅产业的投资带来了更多的不确定性。另一方面，永顺县还面临着旅游产业发展人才供给不足的问题，这一问题体现了欠发达地区人才吸引力不足的共性。

4. 地方特色文创产品种类较少

永顺县是土家族以及土司文化的发源地，立足土家文化开发相应的文创产品，不仅对于带动旅游消费经济有重要促进作用，还有利于民族文化的宣传保护。但现实却是，永顺县在与土家文化相关的民俗文创产

品的开发、营销以及推广方面力度不足，还有较大的改善空间。比如，文创产品种类比较单一，主要是土家织锦制作、竹编技艺、草编、民族服饰等一些传统工艺品等，附加值偏低而且产品较为分散，还未形成一个特色的旅游商品集散市场。另外，对现代信息技术工具与传统民俗文化的融合探索还存在一定的改进空间，比如，可以充分挖掘"芙蓉镇"电影的市场潜力，邀请知名导演或电影公司参与电影《芙蓉镇2》的制作等。

（三）永顺县文化旅游产业发展对策

结合永顺县"十四五"规划目标的基本要求，"十四五"时期永顺县的发展思路是，以不断提质升级，创建国家全域旅游示范县为目标，紧紧抓住全省推进"张—吉—怀"和大湘西生态文化旅游精品旅游线路建设机遇，推进司城世界文化遗产公园、芙蓉镇、猛洞河AAAA级旅游景区提质扩容，进一步完善景区基础设施和公共服务设施，加快完善智慧旅游系统，实现景区智能服务全覆盖，全面提升景区品质。为完成这一目标，永顺县有必要在文旅资源整合、文旅品牌塑造、文旅创意融合、文旅重大项目落地等方面做重要工作。

1. 整合文旅资源，明确发展重点任务

基于实地调研可知，当前永顺县的旅游资源虽然比较丰富，但是缺乏系统的盘点以及整合，使得文旅产业的发展缺乏重点定位。这就要求对景区、旅游线路以及交通资源进行系统整合：

（1）旅游景区整合。以县城和芙蓉镇两大旅游集散地为核心，整合景区。一方面，整合县城、不二门、老司城景点。通过"土家天街"（十里土家吊脚楼民族风情街）建设，打造老司城与不二门景点链接带。规划搬迁安置人口1万人以上，从事"食住行游购娱"等旅游相关产业，形成世界遗址公园大景区。另一方面，整合芙蓉镇核心景点圈。整合营盘溪、西米—松柏—羊峰山、猴儿跳平湖游、马拉河、猛洞河漂流、小溪、红石林、坐龙峡等景区点，形成寻梦芙蓉大景区。

（2）旅游线路整合。围绕旅游精品线路打造，结合当前永顺县旅游资源的开发情况，永顺未来可重点打造以下几条精品线路：第一，土司文化精品线路。重点打造老司城—"土家天街"—不二门—双凤一日游精品线；第二，芙蓉古镇精品线路。芙蓉古镇—猛洞河漂流—平湖游—

兰花洞—马拉河—西米—松柏—羊峰山双日游精品线。第三，小溪休闲精品线路。小溪—四方岩—五连洞—洞坎河（尖山红叶）休闲游精品线。第四，红色旅游精品线路。红色塔卧—毛坝（李烛尘故居）—"十万坪"战场—杉木河—飞崖阁红石林一日游精品线。

（3）旅游交通整合。积极对接高铁时代，加快融入国内旅游大市场，持续推进全域旅游示范区建设，打造高品质旅游产品。按照旅游公路"大干线、小支线，线线相连，大景点、小景点，点点互通"的理念，以县城和芙蓉两大旅游集散地为核心，规划旅游公路，打造旅游精品线路。不断完善快旅慢游体系，抓好旅游公路、高速下线口旅游服务设施建设和生态景观走廊建设，新增1家以上四星级酒店、20家高端民宿。重点建设羊峰（高速出口）—老司城、松柏—展笔—小溪、县城—万坪—塔卧等10条旅游二级公路和重要旅游支线公路。

2. 强化品牌塑造，提升新老景区知名度

围绕老司城、芙蓉镇、小溪以及塔卧四大景点，加大品牌塑造以及宣传力度。除此之外，基于地区旅游资源禀赋以及市场需求，积极打造旅游景点新品牌，具体要求：①"双遗产带"品牌塑造。加大资源投入力度，共创老司城、张家界世界历史文化和自然"双遗产带"品牌。②升级景区品牌形象。努力将已经有一定发展基础的老司城世界文化遗址公园（含不二门）、芙蓉古镇、猛洞河漂流等景区升级为国家5A级景区；将小溪、马拉河、塔卧三个景区升级为国家4A级景区。③明确新建景区品牌定位。重点开发马拉河景区，创建峡谷探险、自由运动漂流游；开发杉木河景区，发展生态湿地休闲度假游和自驾营地；开发松柏水库羊峰山高山休闲度假观光区，创建现代观光农业、湿地公园垂钓露营、高山休闲度假风光带。

3. 促进文旅融合，打造多样文创产品

开发一批能够反映永顺县土司文化以及地方特色文创产品，是促进文旅融合以及提高区域旅游品牌竞争力的重要抓手，打造多样文创产品要求：①丰富文创产品体系。首先，建议在永顺经济开发区建设旅游商品加工园，召集非遗传承人和能工巧匠，创意开发、生产加工各类旅游产品，形成独具特色的旅游商品集散地。其次，建议建立文化创意创新区、文创产品生产展示区，在老司城、芙蓉镇全力打造非遗文化街区，作为永顺文化旅游产业发展的龙头，文创产品对外展示的窗口。再次，支持文创产品发展，打造一批知名的"土司有礼"文创产品品牌，利用国家振兴传统工艺的契机，推动土家织锦制作、竹编技艺、草编、民族服饰等具有较好产业化前景的非物质文化遗产项目合理开发。最后，有必要出台旅游文创鼓励政策，支持旅游企业和景区立足本土核心文化元素，利用IP元素进行文创衍生品系列开发。②开发文化旅游戏剧。加快展示土家族民俗风情的演艺产品（包括歌舞、服饰、风俗、节庆等）创意、展演，提倡游客亲身参与，打造"寻梦芙蓉镇""千年土司王"两台大戏。③探索影视基地拍摄。结合县内山水奇特的生态风光和古朴优美的土家传统村落，以芙蓉镇、老司城两个核心景区为主体，打造大湘西特色生态风情影视文化基地。

4. 强化营销管理，打造全方位营销网络

首先，加强信息系统建设。加大"互联网＋旅游"基础设施建设，形成覆盖各景区（点）、联通国际国内的智慧旅游网络，充分利用现代信息技术以及互联网工具，提升旅游景区服务的智能化、高效化水平。其次，强化营销系统。旅游产品的影响要把握旅游产品（product）、价格（price）、渠道（place）以及促销（promotion）四个方面的核心内容。建立多元渠道网络是重中之重，要求充分发挥旅游协会的作用，加强旅游企业之间的信息沟通，形成国际国内联系大网络，新闻媒体、营销节会宣传大网络；构建全国各大景区、旅行社、导游员、酒店餐饮业联系大网络。另外，旅游产品（product）或旅游服务质量改善方面，应当加大对景点管理、导游、酒店服务人员的业务和技能培训，规范服务行为，为游客提供优质服务。通过不断加强旅游行业管理，提升行业管理服务水平，强化旅游安全保障工作，维护旅游市场秩序。最后，强化招商系统。立足旅游资源优势，科学策划全县旅游招商项目，利用各种招商渠道，形成大招商网络。通过不断优化招商环境，营造浓厚的旅游大招商氛围，力争引进3~5家战略投资商，实现更多旅游大项目的落地。

5. 加大资金与人才保障力度，推动重大项目落地

受新冠肺炎疫情影响，永顺市用于支持文旅产业发展的资金变得愈发捉襟见肘。基于"十四五"规划的相关要求，永顺县将重点策划投资20个重大文旅项目（见附表1），计划投资370.5亿元，可以预见，未来

永顺县在重大旅游项目投资中将面临着一定的财政压力。除此之外，由于永顺县经济发展水平较低，难以吸引更多的专业人才。所以，永顺县在文旅产业发展中面临着人才以及资金的双短缺问题。为解决这一问题，永顺县一方面应当积极争取国家资金，加大基础设施和公共服务设施投入，以及加快推动成立旅游产业发展基金，充分发挥财政资金的杠杆作用，吸引社会资本投入；另一方面出台大学生返乡创业支持政策，吸引高学历人才参与到永顺县文旅产业发展的事业中。

第 二 章

张家界市产业现代化

——基于永定区和桑植县的调研报告①

第一节 张家界市经济社会发展概况

一、张家界市概况

（一）张家界市区位与资源禀赋基本情况

张家界市原名"大庸市"，也是湖南的14个地级行政区之一。该市位于湖南西北部，澧水中上游，属中亚热带山原型季风湿润气候，下辖永定区、武陵源区2个区以及慈利县、桑植县2个县（见图2-1），国土面积接近9653平方千米，总人口超过150万人。复杂多样的地层形成的特色景观，丰富多彩的非物质文化遗产（如桑植民歌），使张家界市成为中国最重要的旅游城市之一。张家界市也是湘鄂渝黔革命根据地的发源地和中心区域，贺龙故居、湘鄂川黔革命根据地省委旧址是全国重点文物保护单位。张家界市还是少数民族聚居区，其下辖区、县中，永定区、武陵源区、桑植县享受民族自治地方的政策待遇，慈利县享受省定少数民族过半县待遇。

张家界市自然资源丰富。其矿产以沉积形成的煤、铁、镍、钼为主，同时还有铅、锌、铜等金属矿以及石灰岩、白云岩、大理石、萤石、重晶石、硅石（石英）等非金属矿产。其森林覆盖率达64.61%，名列湖南

---

① 本章执笔：张友国、李玉红、程远、朱兰。

省第一。特别值得一提的是，1982 年张家界市建立了中国第一个国家森林公园，填补了中国没有国家公园的空白。广袤的森林也孕育了张家界市丰富的动植物资源，其中有国家级保护植物 56 种（如银杏、珙桐、红豆杉等），国家级保护动物 40 种（如娃娃鱼、苏门羚、华南虎等）。

（二）张家界市经济概况

近年来，张家界市经济总量持续扩张，势头良好。2018 年与 2013 年相比（见图 2 - 1），张家界市国内生产总值从 366 亿元增长到 579 亿元，年均实际增长率为 8.69%，略高于湖南省全省年均经济增长率 8.36%。不过，随着中国经济进入新常态，张家界市近 5 年的增长速度总体上也呈下降趋势。特别是 2018 年，在全省 14 个地级市中，张家界市的增速仅高于湘西自治州。如何发挥好后发优势，实现经济发展的弯道超车，是张家界市亟待思考的战略问题。

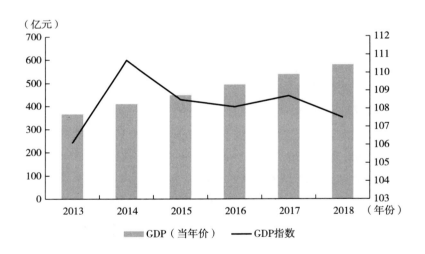

图 2 - 1 2013 ~ 2018 年张家界市经济总量及增速

资料来源：张家界市统计局。

人均收入逐步提升，财政收入不断增强。如图 2 - 2 所示，在经济总量持续扩张的同时，张家界市的人均国内生产总值从 2013 年的 24259 元提高到 2018 年的 37319 元，年均名义增长 9.23%。随着经济增长，张家界市的地方财政收入也从 2013 年的 25.56 亿元增加至 2018 年 34.66 亿元。财政收入的增加为张家界市解决社会问题、改善民生提供了资金保障。

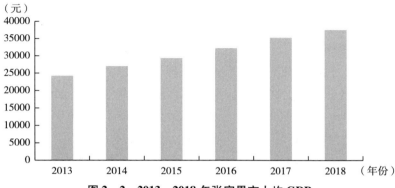

图 2 – 2　2013 ~ 2018 年张家界市人均 GDP

资料来源：张家界市统计局。

如图 2 – 3 所示，从三次产业看，2013 年至 2018 年张家界市第一产业产值从 45.50 亿元增长到 58.76 亿元，年均名义增长 5.25% ；第二产业产值从 92.89 亿元增长到 102.57 亿元，年均名义增长 2.00% ；第三产业产值从 227.26 亿元增长到 417.59 亿元，年均名义增长 12.94% 。从三次产业的增长看，张家界市第三产业增长速度也明显超过第一、第二产业，是带动经济发展的主要动力。

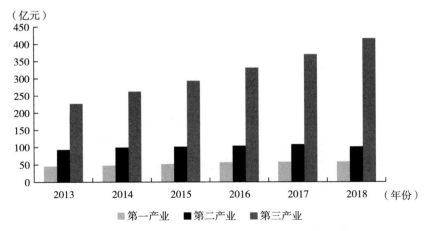

图 2 – 3　2013 ~ 2018 年张家界市三次产业产值发展情况

资料来源：张家界市统计局。

二、永定区基本情况

（一）区位地理

永定区隶属于湖南省张家界市，为张家界市政府驻地，全市政治、文化、交通枢纽中心。永定区位于湘西山地东北部，地处张家界腹部，东与慈利县、桃源县交界，西抵永顺，南接沅陵，北与桑植和国家级风景名胜区武陵源接壤，距省会长沙 398 千米。地处亚热带季风气候区，历年平均气温 16.8℃，日照 1450 小时，平均降水量 1497 毫米。光照充足，气候温和，四季分明，适宜农、林、牧、渔业发展。

永定区处于中国东部新华夏系一级构造单元第三隆起带的南端，其中包括武陵山次级隆起带和大庸盆地次级沉降带。境内武陵山脉的南支、中支横贯，地貌大致分为山岳地貌、流水地貌、堆积地貌三类。地势有两级升降的特点，即北部山高，往澧水河谷倾斜，澧水上游形成百里画廊茅岩河大峡谷；南部山更高，以天门山为标志，并向沅水呈梯级递降；中部低洼，为半环状山丘盆地。

（二）资源禀赋

全区土地总面积 217400 公顷，其中耕地 17334 公顷、林业用地 164000 公顷。全区森林覆盖率 71%，城区空气质量优良率 90.1%，景区为一级，饮用水水源水质达标率 99.6%，90% 的地表水水质达到 Ⅱ 类标准以上，主要污染物排放量均低于国家总量控制标准。境内有大小河流 266 条，水能资源理论蕴藏量 20 万千瓦，技术可开发量达 15 万千瓦。全区有镍钼、铁、钒、煤、磷、大理石等矿产 35 种，已探明储量和可开发利用的 18 种。木本植物有 110 科 1049 种，脊椎动物有 190 余种。有娃娃鱼、中国鸽子花、银杏等国家二级珍稀保护动植物 20 多种。名优特产有"土家族四绝"（茅岩莓、葛根、岩耳、蕨菜）、张家界椪柑、菊花芯柚、湘西黄牛等。

（三）人文历史

永定区始于两汉时期，清朝为永定县，1913 年改称为大庸县，1988 年改名为永定。民风古朴，民族文化浓郁，张家界阳戏被列入非物质文化遗产名录，张家界高花灯首批列入省级非物质文化遗产名录，土家族茅古斯、大庸花灯、大庸傩戏、欢水龙灯远近闻名，张家界硬气功曾随国家领导人赴欧洲七国演出。永定区历史悠久，新石器时代晚期就有人类在此居住，留下了许多古老的人文传说和古文化遗址，先后出土文物 3000 余件，其中国家一级文物 11 件、二级文物 54 件、三级文物 372 件。永定区人杰地灵，先后涌现明初农民起义领袖、土家首领覃垕，抵御外敌入侵清末名将郭宏升、刘明灯，同盟会员罗剑仇，老红军、原商业部部长范子瑜，地质学家、中科院院士田奇镌，国际硬气功大师赵继书等杰出人物。永定区是一块红色的土地，这里是湘鄂川黔革命根据地省委所在地，贺龙、任弼时、王震、关向应、萧克等老一辈无产阶级革命家曾在此浴血奋战，在长期革命斗争中，永定区各族人民前赴后继，英勇战斗，有据可查的革命烈士达 2000 多人。

（四）永定区"十三五"期间经济社会运行和三次产业发展情况

在"十三五"期间，永定区综合经济实力大幅提升，农业和工业生产基本平稳，民生事业不断改善，社会大局和谐稳定。经济保持较快增长，根据永定区历年国民经济和社会发展统计公报的数据，永定区国内生产总值从"十二五"末的 182.7 亿元增长到 2019 年的 229.6 亿元，实现年均增速 8.2%，高于全国、全市平均水平。如表 2-1 所示。

表 2-1 永定区 2019 年社会经济运行情况

基本指标	数量	基本指标	数量
一、人口与自然资源		9. 进出口总额（万美元）	11495
1. 常住人口（万人）	47.78	10. 规模以上工业企业数量（家）	88
2. 粮食作物播种面积（万亩）	41.5	三、社会	
3. 全年降水量（毫米）	1031	1. 学龄儿童入学率（%）	100
4. 森林覆盖率（%）	73.13	2. 高中教育毛入学率（%）	97.46
二、经济		3. 九年义务教育巩固率（%）	99.34
1. 地区生产总值（亿元）	229.57	4. 城乡居民养老保险参保人数（万人）	23.8
2. 人均地区生产总值（元）	48474	5. 城镇居民人均可支配收入（元）	30405
3. 第一、第二、第三产业比重（%）	9.5:14.9:75.6	6. 农村居民人均可支配收入（元）	11211
4. 地方一般预算收入（亿元）	15.6	7. 最低生活保障人数（万人）	1.31
5. 一般预算支出（亿元）	40.9	8. 城镇化率（%）	57.62
6. 固定资产投资增速（%）	4.9	9. 医院床位数（张）	1637
7. 社会消费品零售总额（亿元）	118.3	四、环境	
8. 高新技术产品产值（亿元）	37.1	造林面积（公顷）	1666.7

资料来源：《2019 年永定区国民经济和社会发展统计公报》。

人民生活水平不断提高，在"十三五"期间，人均可支配收入由"十二五"期末的14630元提高到2019年的21041元，年均增速为9.72%。

消费水平快速提高，在"十三五"期间，社会消费品零售总额由"十二五"期末的86亿元提高到2019年的118亿元，年均增速为9.72%。

城镇化水平持续提升，在"十三五"期间，永定区城镇化率由"十二五"期末的51.88%提高到2019年的57.62%，年均提高约1.91个百分点。

对外贸易快速攀升，在"十三五"期间，外贸进出口总额由"十二五"期末的457万美元增加到2019年的11495万美元，年均增速为123.8%；出口总额由2015年的284万美元增加到2019年的11065万美元，年均增速为149.7%。

从三次产业发展情况来看，永定区第一产业和第二产业平稳增长，第三产业势头强劲。"十三五"期间，第一产业增加值从"十二五"期末的16亿元增长到2019年的21.9亿元，年均增速为3.5%；第三产业增加值从2015年的128.6亿元增长到2019年的173.5亿元，年均增速为9.2%。总体上来看，永定区三次产业结构由2015年的8.7：20.9：70.4调整为2019年的9.5：14.9：75.6，第一产业有所增长，第二产业比重明显下降，第三产业比重快速提升，第三产业对地区经济的支柱作用更加显著。

三、桑植县概括

（一）桑植县基本情况

桑植县隶属于湖南省张家界市，是澧水的发源地、张家界的"西大门"。全县总面积3474平方千米，总人口48万，辖23个乡镇，299个村（居）。由于桑植自然环境恶劣，山大人稀，加上历史欠账多，经济发展相对落后，2018年被确定为国家深度贫困县，但于2020年2月退出贫困县序列。

桑植民族文化灿烂多姿。全县有28个民族、5个白族乡，以土家族、白族、苗族为主的少数民族占总人口的92.6%，其中白族人口达13万，是全国第二大白族聚居区。17 个民族长期和睦聚居，民族文化、民族风情异彩纷呈，有极具艺术价值的民歌、花灯舞、仗鼓舞以及戏剧活化石傩戏等。其中最具代表性的桑植民歌 2006 年入选第一批国家非物质文化遗产名录，2008 年桑植被国家命名为"中国民歌之乡"。2014 年桑植白族文化生态保护区挂牌成立。人文历史方面，桑植县是贺龙元帅故里，红二方面军长征出发地，也是湘鄂边、湘鄂西、湘鄂川黔根据地的中心地，贺龙故居、贺龙纪念馆和红二方面军长征出发地已先后被列入全国红色旅游精品名录。

自然环境方面，桑植县多山、多土地，广泛分布为中山、低山地貌。桑植县有山地 23.87 万公顷，森林覆盖面积 12.24 万公顷。草地面积达 176 万亩，其中南滩草场是中国南方最大的天然草场，面积达 20 万亩。桑植县生态旅游资源丰富。桑植县拥有中国首批、湖南省首个国家级自然保护区八大公山原始森林，张家界大鲵国家级自然保护区，峰峦溪国家森林公园及九天洞赤溪河，娄水省级风景名胜区 2 个。桑植县生物多样性异彩纷呈，动植物群落多样，仅珍稀、濒危植物就达 40 余种，是大鲵（娃娃鱼）之乡，也是全国三大"国药库"之一。

桑植县境内水资源、矿产资源等自然资源丰富。以水资源为例，河流约 410 条，主要有澧水、溇水及两水支流，可开发利用的水能资源达 45.6 万千瓦，系全省五大小水电开发基地之一，水电开发潜力较大。矿产资源方面，目前桑植县已发现矿产 40 种，探明储量的有 27 种，其中，煤炭储量 1.4 亿吨、石煤储量 8 亿吨；铁矿储量 3.5 亿吨、铁矿以赤铁矿为主，占铁矿储量的 90% 以上；硅石探明储量 2368 万吨；铝土矿储量 1000 万吨；天然气储量达 2000 亿立方米。

由于山地广，农林土特产品繁多。全县活立木蓄积量达 300 万立方米，有人工营造黄柏林 33 万亩，系全国最大的木瓜基地、南方最大的黄檗基地，黄连、五倍子产量居全省之首。桑植蜂蜜、白茶、青钱柳、娃娃鱼（人工繁育）、豪猪、腊肉、萝卜等养身保健和美食产品享誉国内外。

（二）桑植县"十三五"时期经济运行和三次产业发展情况

桑植县作为国家深度贫困区，其整体经济发展具有经济总量小、结构差、水平低，基础设施落后、产业模式传统、工业经济整体低迷，社会事业历史欠账较多的基本特点。新中国成立 70 多年来，桑植从一穷二白走向繁荣发展，从封闭落后步入开放进步，地区生产总值从"百万元"提高到"百亿元"，财政收入翻了十一番，县城建成区面积扩大 36 倍，公路通车总里程达到 6578 千米，农村居民人均可支配收入增长 27.4 倍。

"十三五"时期，桑植县经济高速增长，地区生产总值显著提高。图 2-4 描绘了 2015 年到 2019 年桑植县地区生产总值和增长率。从图中可以看出，桑植县地区生产总值从 2015 年的 74.1 亿元提高到 2019 年的 97.9 亿元，2015~2019 年年均复合增长率为 7.2%。其中 2016 年和 2017 年经济增速较快，增长率超过 8%，高于全国同期平均水平。2018 年和 2019 年经济增长率下降了一个百分点，GDP 增长率分别是 7.1% 和 7.4%。

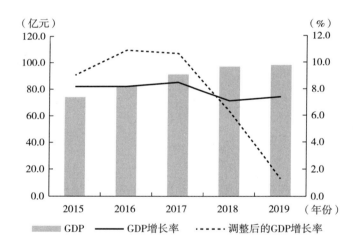

图 2-4　2015~2019 年桑植县 GDP 和 GDP 增长率

资料来源：笔者根据 2015~2019 年《桑植县经济社会发展统计公报》数据整理得来。其中 GDP 和 GDP 增长率为报告中原始数据，调整后的 GDP 增长率是笔者根据 GDP 数据计算得来的。

与地区生产总值相对应的是，2015~2019 年地方政府财政收入增速也经历了从快速提高到逐渐放缓的过程。图 2-5 描绘了 2015~2019 年桑植县地方政府财政收入及其增长率。从图中可以看出，桑植县地方财政收入逐年递增，2019 年相较于 2015 年增加了 2.08 亿元，年均复合增长率达到 9%。2017 年和 2018 年财政收入增长率最高，均超过 10%，2019 年有所回落，仅 7.16%。出现上述现象的原因在于：第一，桑植县 2015 年、2016 年项目开展较多，但是项目收益较慢，导致后期出现财政收支失衡、财政风险加大。2018 年和 2019 年，地方政府开始盘活财政存量资金、争取债券资金支持、强化国有资产管理；第二，由于攻坚脱贫、环保督察等政策约束，地方政府公共预算财政支出不断上升，从 2015 年的 29.68 亿元增长到 2019 年的 39.35 亿元。

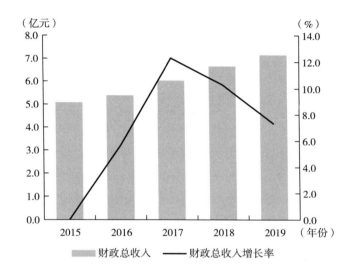

图 2-5　2015~2019 年桑植县财政总收入和财政总收入增长率

资料来源：笔者根据 2015~2019 年《桑植县经济社会发展统计公报》数据整理得来。

2015 年到 2019 年地方财政收入增速缓慢（见表 2-6）。图 2-6 描述了 2015~2019 年桑植县地方财政收入数据及其增长率，可以明显看出，扣除了需要上缴中央部分的，税收后的地方收入增长率明显小于财政总收入增长率。2015 年桑植县地方财政收入为 3.18 亿元，2019 年地方财政收入达到 3.79 亿元，总体呈上升趋势，但增长率较低且不稳定。

"十三五"时期，桑植县人均可支配收入和消费能力均有所提高，全面小康社会实现程度不断提高。表 2-2 列出了 2015~2019 年桑植县城乡人均可支配收入及其增长率、城市人均可支配收入及其增长率、乡村人均可支配收入及其增长率。从中可以发现，2015~2019 年桑植县城乡居

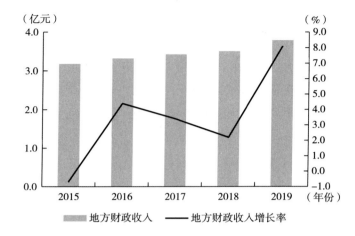

图 2 - 6 2015～2019 年桑植县地方财政收入及其增长率

资料来源：笔者根据 2015～2019 年《桑植县经济社会发展统计公报》数据整理得来。

民人均可支配收入高速增长，年均增长率超过 10%，城乡居民人均可支配收入从 2015 年的 7923 元提高到 2019 年的 12563 元。其中，农村居民人均可支配收入增长速度更快，2015～2017 年超过 15%，高于城市居民人均可支配收入。但是，城乡居民人均可支配收入的差距（以绝对值之差来计算）依旧呈现扩大趋势，从 2015 年的 7311 元增加到 2019 年的 9488 元。另外，无论是城市居民还是农村居民，其人均可支配收入增长率在 2018 年和 2019 年均呈现下降趋势。

表 2 - 2 2015～2019 年桑植县人均可支配收入情况

年份	城乡居民人均可支配收入（元）	增长率（%）	城市居民人均可支配收入（元）	增长率（%）	农村居民人均可支配收入（元）	增长率（%）	城乡居民人均可支配收入差距（差值）
2015	7923	12.3	12739	9.0	5428	15.0	7311
2016	8953	13.0	14115	10.8	6264	15.4	7851
2017	10164	13.5	15653	10.9	7210	15.1	8443
2018	11390	12.1	17093	9.2	8183	13.5	8910
2019	12563	10.3	18546	8.5	9058	10.7	9488

资料来源：笔者根据 2015～2019 年《桑植县经济社会发展统计公报》数据整理得来。

伴随着人均可支配收入的提高，消费端需求增长强劲。图2-7描绘了2015~2019年桑植县社会消费品零售总额和其增长率。2015年桑植县社会消费品零售总额为28.91亿元，2019年桑植县实现社会消费品零售总额43.25亿元，五年增加了约14亿元。每年社会消费品零售总的增长率都保持在10%以上，但2015年到2019年增长率呈现下降趋势。

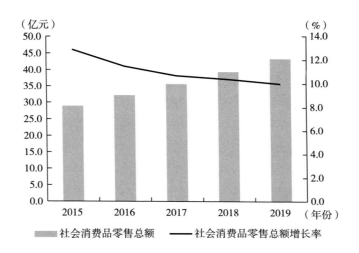

图2-7 2015~2019年桑植县社会消费品零售总额及其增长率

资料来源：笔者根据2015~2019年《桑植县经济社会发展统计公报》数据整理得来。

桑植县全面小康建设稳步推进。图2-8体现了2015~2019年桑植县全面建成小康社会实现程度的发展趋势。2015~2019年，全面建成小康社会实现程度由83.0%提升为90.20%，共增长7.2个百分点。

在供给侧方面，该县积极响应国家供给侧结构性改革，固定资产投资先降后升，旧产能的清理成效显著。图2-9描绘了2015年到2019年桑植县固定资产投资总额及固定资产投资增长率。2015年到2019年，桑植县固定资产投资总额由53.19亿元减少到41.68亿元。2018年桑植县固定资产投资总额最低，仅为41亿元，2019年缓慢回升。根据2015~2019年桑植县政府工作报告数据整理出来的固定资产投资增长率波动相对平缓，但是根据固定资产投资总额计算得出的增长率波动幅度较大。

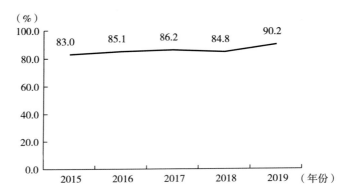

图 2 - 8　2015 ～ 2019 年桑植县全面建成小康社会实现程度

资料来源：笔者根据 2015 ～ 2019 年《桑植县经济社会发展统计公报》数据整理得来。

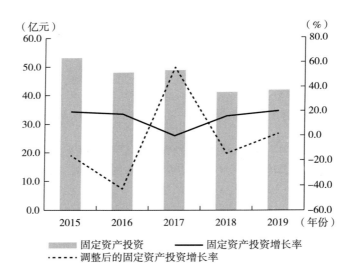

图 2 - 9　2015 ～ 2019 年桑植县固定资产投资及其增长率

资料来源：笔者根据 2015 ～ 2019 年《桑植县政府工作报告》数据整理得来。其中固定资产投资和固定资产投资增长率为报告中原始数据，调整后的固定资产投资增长率是笔者根据固定资产投资数据计算得来的。

"十三五"时期，桑植县产业结构转型明显，形成"三一二"产业结构。表 2 - 3 列出了 2015 年到 2019 年桑植县三大产业比重变化情况。从表 2 - 3 可以看出，2015 ～ 2019 年三大产业结构变化较大。2015 ～ 2019

年，第一产业比重增长 1.5%，第二产业比重下降 6.7%，第三产业占比提高 5.2%。三次产业结构比重由 2015 年的 12.6∶21.9∶65.5 转变为 2019 年的 14.1∶15.2∶70.7。

表 2 - 3　2015 ~ 2019 年桑植县三大产业比重　　　　　单位：%

年份	第一产业增加值比重	第二产业增加值比重	第三产业增加值比重
2015	12.6	21.9	65.5
2016	12.3	20.8	66.9
2017	11.6	19.9	68.5
2018	11.9	17.3	70.8
2019	14.1	15.2	70.7

资料来源：笔者根据 2015 ~ 2019 年《桑植县经济社会发展统计公报》数据整理得来。

图 2 - 10 描述了 2015 年到 2019 年桑植县三大产业生产总值变化情况。"十三五"以来，桑植县第一产业高速增长，第一产业生产总值从 2015 年的 9.3 亿元增长到 2019 年的 13.8 亿元。第二产业先增后降。第二产业生产总值由 2015 年的 16.2 亿元降为 2019 年的 14.9 亿元。其中，第二产业增加值在 2017 年达到最大值 18.2 亿元。三类产业中第三产业增

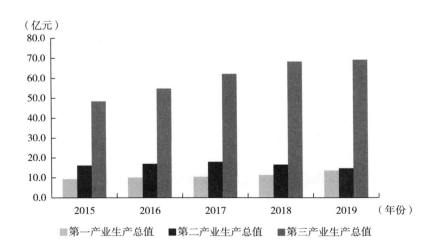

图 2 - 10　2015 年到 2019 年桑植县三大产业增加值

资料来源：笔者根据 2015 ~ 2019 年《桑植县经济社会发展统计公报》数据整理得来。

长较多。2015 年第三产业生产总值为 48.5 亿元，2019 年为 69.3 亿元，到 2019 年共增加 20.8 亿元。第三产业中，旅游产业优势明显，2019 年旅游收入达到 30 亿元。

总体而言，从增长速度来看，桑植县第三产业增加值增长速度最快，其次是第一产业，最后是第二产业。因此，从三次产业增加值占比来说，第三产业增加值占比明显提高，第一产业增加值小幅上升，第二产业增加值占比下降，桑植县形成"三一二"产业结构。

第二节　永定区产业现代化路径研究

一、永定区农业现代化路径

（一）积极提升农业科技水平，有效提升农产品质量

调整优化农业区域性规划，用好农业产业发展资金，按照"一乡一业""一村一品"进行产业科学布局，加快推进张家界国家农业科技园区建设，积极创建全国农村一二三产业融合发展先导区。全面完成耕地重金属污染普查和粮油"两区"划定工作，实施好"质量强农、特色强农、品牌强农"三大行动。加强农业科技培训和技术指导，提质升级三大特色产业和三大基础产业，全区粮食生产面积稳定在 48 万亩以上，产量 15 万吨以上。提升"菜篮子"工程，全区蔬菜种植面积稳定在 12.5 万亩以上，实现标准化蔬菜基地建设 0.5 万亩以上。提升烟叶生产质量，全年收购烟叶 3 万担以上。整合农业资源，出台行业生产管理标准、基地准入和市场准入标准，做实做强张家界莓茶、张家界菊花芯柚、古庸湘米三大公用品牌，加强农产品"三品一标"认证力度。深入开展"平安农机"创建活动，力争综合机械化率达到 32% 以上。

重点抓好新合现代生态农业示范区建设，不断提升商品蔬菜和大鲵的生产规模和附加值。继续实施高产创建示范项目，抓好科技特派员示范点、农业和农副产品加工示范基地、农业专业技术协会等农业服务载体建设。启动实施世界银行贷款污染农田综合管理项目、农产品产地质量提升项目。支持现代农业科技创新，做好大鲵产品精深加工技术研发与集成运用，打造国内领先的大鲵研究开发中心。抓好农作物重大病虫害专业化统防统治、柑橘大实蝇防控。加大农产品注册商标和地理标志

保护力度。推动无公害农产品、绿色食品、有机食品认证，建立农产品质量安全可追溯体系。

做大做强省级农业科技园区。调整优化农业区域性规划，用好农业产业发展资金，按照"一乡一业""一村一品"进行产业科学布局，加快推进张家界国家农业科技园区建设，积极创建全国农村一二三产业融合发展先导区。坚持以科技创新为引领，发展科技、旅游、生态种植和特色养殖相互融合的产业群。加快成立科技人才服务中心，积极引进农业科技企业，促进创新创业，推进以企业为主体的产学研合作，建设推广"互联网＋旅游＋农业"电商平台。到 2021 年，新增入园企业 50 家以上，研发生态产品 20 个以上，园区产值达到 25 亿元，力争创建为国家级农业科技园区。

（二）大力发展特色农业，打造本地特色知名品牌

大力发展特色农业。加快调整农业产业结构，培育壮大粮食、水果、烟叶、茶叶、林药、畜禽等特色农业。扶持蓝莓、菊花芯柚、红芯猕猴桃等精品水果发展，建好优质桃、无核葡萄、牛奶西瓜、奈李等优质水果基地。抓好山羊、生猪、蛋禽等绿色健康养殖基地建设，积极发展牛蛙、藏香猪、鲟鱼等特种养殖。积极推进"三品一标"品牌申报工作。积极申报国家地理标志证明商标、国家农产品地理标志登记保护产品。做优基础产业。抓好示范办点和优质高产创建，持续稳定粮食生产，提升优质稻占比率，全区粮食生产稳定在 41.5 万亩以上。继续推进"菜篮子"工程，确保全区蔬菜种植面积 12.5 万亩以上。加快特色水果标准园建设和水果改造调优，做大做强张家界菊花芯柚、张家界黄桃等特色水果品牌。加大线上线下农产品营销力度。大力推广电子商务、直销配送、农超对接、专卖店等营销模式，强化对农村网店的物流保障和支撑，做实做强扶贫消费，积极通过农交会、农博会等宣传推介永定区优质特色农产品。加强基础设施建设。完成茅溪河二期、高家溪水库和山洪沟治理项目，实施高标准农田建设 2.5 万亩以上。

按照"一县一特"要求，加大资金投入和扶持力度，支持建设茅岩河国家莓茶小镇，推进张家界莓茶特色产业发展。2020 年全区新增莓茶种植面积 1.6 万亩，累计达 8.1 万亩，综合产值达到 15 亿元。莓茶种植合作社、家庭农场等生产经营主体达 83 家，莓茶深加工企业达 37 家，莓

茶加工产品注册商标达 23 个。建成莓茶特色产业省级示范园 2 个，万亩莓茶发展乡镇 2 个，千亩莓茶发展乡镇 5 个，标准化生产示范基地 10 个，种苗圃基地 2 个。

（三）实施乡村振兴战略，推进农村基础设施与制度建设

农业发展问题与农村、农民的发展密不可分，推进农业现代化需要同时重视农村基础设施和制度保障方面的建设。这一方面，永定区的政策措施主要包括：

以农民增收和农业增效为核心，积极推进"公司＋基地＋农户"种养殖模式。提质打造茅岩河沿线茅岩莓种植标准化基地 10000 亩，教字垭富硒大米种植标准化基地 3000 亩，后坪、枫香岗、阳湖坪等澧水两岸沿线菊花芯种植标准化基地 5000 亩，沅古坪、王家坪沿线七星椒种植标准化基地 4000 亩，天门山、四都沿线青钱柳中药材种植标准化基地 2000 亩等特色优势产业；发展铁皮石斛、白芨、厚朴等名贵中药材种植基地 5000 亩；积极开展农产品"三品一标"创建工作，全面提升农业规模化、标准化、品牌化水平。保障粮食、蔬菜、烟叶稳定增长，粮食生产面积稳定在 48 万亩，商品蔬菜基地稳定在 12 万亩，种植烤烟 1 万亩以上，收购烟叶 2.5 万担以上。建立质量安全可追溯信用体系，完成 23 个乡镇（街道）农产品质量安全监管站规范化建设。

实施农业生产清洁、农村生活环境净化、农民生态文明提升三大工程。发展绿色农业，抓好农业面源污染治理，倡导绿色生产生活方式，积极引导消费模式向绿色、健康方向转变。抓好城镇综合环境治理，提升乡镇垃圾集中清运水平，改造提升集镇环境风貌，杜绝脏乱差，做到卫生、整洁和有序。农村环境综合整治和农村垃圾集中收运 PPP 项目大力实施，农村人居环境明显改善。梯次推进乡镇集镇改造和穿衣戴帽工程，全面完成乡镇污水处理厂建设。

加强农村经济经营管理。稳定农村土地承包关系，加快推进农村土地承包经营权确权登记颁证工作，为推行"两权"抵押贷款打好基础。积极发展多种形式适度规模经营，新增土地流转面积 1 万亩，发展农民合作社 30 家、家庭农场 120 家。切实抓好第三次全国国土调查，积极推进农村土地综合整治，实施高标准农田建设 6000 亩以上，力争完成城乡建设用地增减挂钩 5000 亩复垦任务。落实第二轮土地承包到期后再延长

30 年政策，完成农村承包土地确权登记颁证工作。加快提升农业机械化水平，实现农业综合机械化水平 31% 以上，引导农业适度规模经营。培育新型农业经营体系，扶持家庭农场 120 家。开展示范家庭农场建设，建成区级示范家庭农场 10 家。新发展农民合作社 32 家。完善村民委员会、村民议事会、村务监督委员会设置及功能，加大村务公开力度，完成 225个农村和社区综合服务平台建设。

推进乡村建设，建设特色城镇。按照"产业兴旺、生态宜居、乡风文明、治理有效、生活富裕"总体要求，制定出台全区乡村振兴战略实施规划。加大政策性资金投入，深入推进全区乡村振兴总体规划，27 个特色村和标准村的创建工作，石堰坪、高坪、牧笛溪等 12 个美丽乡村规划编制。积极争取项目和政策支持，22 个中国传统村落建设，培育乡村旅游发展新亮点。着实增强内生动力，因地制宜发展农村特色产业，丰富农村发展业态，加速构建现代农业产业体系、生产体系、经营体系，大力提高农业创新力和竞争力。龙洞湖、马儿山等美丽乡村示范村建设成效明显，沅古坪镇获评全省美丽乡村示范镇。积极推进 225 个农村和社区综合服务平台建设，111 个基本建成，65 个正在施工，其余抓紧做前期。推进农村精神文明建设，打造 2 个乡风文明示范乡镇和 4 个乡风文明示范村（居、社区），树立一批道德楷模，促进村民文明素质和农村文明程度明显提升。培育壮大农村产业新业态，深入推进农村产权制度改革，积极培育新型经营主体，新增农民合作社 30 家、家庭农场 30 家。高质量完成全区乡村规划编制，严格实施全域规划管控，积极规范农村建房，在集镇和旅游干线两旁要做到样式基本统一，风格基本一致，体现民族特色。全面完成教字垭、沅古坪、王家坪等乡镇的集镇改造提质工作，突出民族和文化特色，发挥旅游风情镇的聚集力和带动力。小城镇建设深入实施，启动教字垭、尹家溪、天门山、沅古坪、王家坪、茅岩河 6个重点镇提质改造工程，教字垭、尹家溪已开工建设，其他正在开展设计、报建等前期工作。农村基础设施建设扎实推进，实施农村公路窄路加宽 132.7 千米；实施农村安全饮水工程 46 处，受益人口 75068 人；实施小流域治理工程、小型水利水保工程、高效节水灌溉工程，治理水土流失面积 6.7 平方千米；完成三家馆、阳湖坪、谢家垭三个片区抗旱应急水源工程。

二、永定区工业绿色智能化升级路径

（一）提升工业技术水平，推动新型工业发展

积极引导支持企业进行技术改造和创新，加快推进新型工业化，加强对中小微企业培育和引导，努力实现工业经济持续健康发展。充分发挥区域资源优势，加快培育和大力发展旅游商品、生物医药、新型材料、清洁能源、旅游装备等绿色特色产业，扶持一批农产品加工和旅游商品生产企业，进一步壮大实体经济。大力实施工业产业提质升级行动计划，成功创建了"福安家""一线天""仙踪林"等8个省级著名商标，"茅岩莓"茶被认定为中国驰名商标。积极开发工业观光、工业体验、特色购物等工业旅游产品，加快建设旅游商品产业园，力争引进更多的特色旅游商品企业签约入园。

全面落实"个转企""小升规"配套措施，助推小微企业做专做精、骨干企业做大做强，不断壮大"百千亿"企业梯队。引进一批具有一定规模、发展潜力大、带动性强、成长性好的企业落户。到2021年，新入规工业规模企业25家、新增过亿元企业5家、新增过5亿元企业1家；培育2～3个中国驰名商标；规模工业增加值达到27亿元，年均增长9%。

提升政府服务企业能力。健全区领导联系企业、群众工作指导员服务企业、重点企业挂牌保护等制度，加强政企沟通，完善快速处理机制，主动联系、上门服务，点对点为企业解决问题，实现政企无缝对接。深入开展"政企直通车"活动，为企业打通"阳光通道"和"绿色通道"。

（二）发挥项目建设的带动作用，强化项目支撑和引领作用

项目建设是政府工作的重要抓手，必须牢固树立抓项目就是抓发展的理念，强化项目支撑和引领作用。

抓好项目谋划。按照转型发展、高质量发展要求，落实绿色、低碳、环保、高效新理念，认真策划包装项目。坚守生态底线，瞄准市场前沿，认真研究政策，抓住乡村振兴、污染防治、全域旅游等政策机遇，规划一批基础设施、公共服务类项目，抓紧做好项目前期和申报工作。结合永定实际，规划一批与现有产业上下延伸、左右配套，具有较强带动性的市场类项目。同时，强化项目储备意识，建立与各项发展规划相适应

的项目储备库，各乡镇街道各部门要建立子项目库，实行动态调度、滚动管理，形成边建设边补充的良性循环。2019 年，全区计划实施国家省市区重点项目 174 个，计划完成投资 121 亿元。

抓好项目落地。做实招商引资项目落地办，充分发挥督办、交办、代办、问责职责，加强对招商引资签约项目的调度和推进力度，优化投资环境，努力提升项目履约率、开工率。加快土地收储和挂牌出让，探索土地储备新路子、新方法，强化用地保障。2019 年，在加快推进在建项目的基础上，实现天空之眼、中医药健康旅游产业园、教字古城、垕王古寨、汽车旅游文化中心、华家班赛车特技表演馆等项目落地建设。

推进项目建设。明确具体的项目责任部门，制定具体的实现路径，分批、分年度加快推进，对符合国家产业政策、财政资金支持方向的项目，限时做好规划选址、土地报批、环境评估以及社会风险评估等工作，并重点进行调度、全程跟踪服务，促进项目早开工、早建成、早受益。实施国家、省、市、区政府为主投资重要项目 101 个，完成投资 100 亿元以上，力争完成 7243 户棚户区改造任务，掀起项目建设高潮。按照"信息变意向、意向变协议、协议变合同、合同变工地"的思路，全力破解"瓶颈"制约，打通项目落地"最后一公里"。破解资金要素制约，积极争取国家、省、市政策支持，支持区交投公司做大做强，推动天旅投公司发行公司债和企业债，大力推广 PPP 模式，积极引导社会资本参与公共基础设施、新型城镇化和乡村旅游建设。破解用地要素制约，深入推进闲置用地复垦、高标准农田建设和土地开发整理工作，扎实做好占补平衡、增减挂钩等工作，盘活存量建设用地；落实项目用地审查制度，严控用地规模。破解人才要素制约，加强人才培养和引进力度，着力引进一批懂技术、善经营、会管理的各类人才，不断强化智力支撑。破解环境服务要素制约，简化项目行政审批手续，扎实做好项目前期工作，依法从重打击影响项目推进不法行为，让客商放心投资、安心建设。

加大招商引资力度。紧扣国、省、市重点投资领域和方向，充分利用永定区产业、区位、交通、人文和生态优势，策划包装一批产业定位准确、发展前景可观、前瞻性和战略性突出的重大项目，争取更多的项目进入国、省、市计划"笼子"。对经济社会发展影响较大的社会投资项目，要进一步做实做细项目前期工作，通过参加"沪洽周""湘商大会"

等重大招商活动，引进大企业、大财团、行业翘楚等投资建设。积极筹备参加重大招商经贸活动，深入对接国际国内500强企业、行业龙头企业和总部经济企业等大企业、大财团，开展上门招商，做好对接服务。立项和储备一批条件成熟、前期工作扎实的重点招商项目，吸引更多的大项目、好项目落户永定。积极面向外资企业招商，切实提高外资利用量。严格招商条件，开展竞争式招商、开放式招商，确保选大商、选真商。完善招商机制，实行由区商务部门归口管理，强化招商牵头抓总和协调服务作用，避免乡镇（街道）村居（社区）各自为战，杜绝贱卖资源、圈占资源而不实际开发等现象。

（三）推动经济园区建设，促进产业融合发展

加快推进工旅融合发展，不断推动旅游商品产业园建设。扶持具有地方和民族特色的旅游食品、旅游保健品、旅游工艺品、旅游文化用品、旅游装备和民族服饰的开发和制作，重点开发腊味系列、保健品系列等产品。加快建设旅游商品产业园基础设施，支持签约入园企业建设。加大招商引资力度，引导符合产业政策、市场潜力大、科技含量高的工业企业向张家界旅游商品产业园聚集。旅游商品产业园一期基础设施建设基本完工，二期土地报批全面启动。区一期共十二宗地块，其中十一宗地块已成功挂牌出让。旅典文化、久瑞生物等10家企业签约入园，银博物馆、大众康养、军声砂石画、正阳文化、商业街已经开工建设。2020年全区共有规模以上企业85家，较2015年增加了25家，截至2020年7月累计实现工业总产值22.49亿元，同比增长2.8%。

支持建设张家界经济开发区。坚持把张家界经济开发区作为推动永定区工业经济发展的重要平台来打造。按照"市区共建"的要求，支持张家界经济开发区夯实基础设施、开展招商引资等工作，切实维护好园区发展环境，助推园区做大做强，提升综合承载能力和辐射带动能力，使其成为推动永定工业经济发展强大引擎。积极配合市科技工业园，加快园区内基础设施建设，重点推进生物医药、新材料、玻璃工艺品等新型工业发展，促进五倍子产业集群化。

加快建设中心城区新型建材供应基地，引导新型建材企业集聚发展。力争规模工业增加值增长9%，新增规模工业企业5家，新增过亿元企业1家。

三、永定区旅游业质量提升与产业融合路径

坚定不移抓好全域旅游，筑牢发展实力。要围绕创建全国、全域旅游示范引领区，加大旅游公共基础服务设施建设，完善旅游服务要素，提升旅游承载能力和旅游消费服务水平。

（一）提高组织管理水平，全面优化旅游市场环境

党政统筹，建立全区上下运转高效体制机制。成立由区委书记担任主任（组长）的旅游工作委员会和全域旅游工作领导小组，连续五年高规格召开全区全域旅游发展大会，研究部署全域旅游工作。出台《关于加速推进全域旅游决战决胜脱贫攻坚的决定》，将全区作为一个旅游目的地来谋划和推动。顺利完成文化与旅游机构改革，成立旅游发展委员会，每个乡镇（街道）、区直单位明确一名旅游专干，定期召开联席会议，协调解决全域旅游创建中的融资、用地等各类问题。全域旅游创建纳入全区年度绩效考核，构建起"党委领导、政府主导、行业指导、企业主体、社会参与"的创建大格局。

创新机制，提高旅游综合管理体制效率。2016 年在张家界全市统筹推进下，永定区在全省乃至全国率先成立并健全了旅游警察、旅游工商、旅游法庭等机构，旅游网络 APP 速裁等创新做法在全国法院系统推介。

全域治旅，构建文明和谐安全有序旅游环境。组织 8058 人次开展 32 次旅游文明宣传和旅游志愿服务活动，积极推行服务全域旅游"创三优"工作。完善旅游警察大队、旅游法庭和旅游工商三支执法队伍综合监管机制，加强部门联动，严厉打击强买强卖、追客赶客、倒票贩票、欺客宰客等扰乱市场秩序的非法行为，保持"铁腕治旅"高压态势。"1 + 3 + N"旅游综合管理和综合执法体系稳定运行，铁腕治旅十大专项整治行动成效显著，累计处理游客投诉 909 起，大幅提升游客满意度。健全涉旅企业和从业人员诚信记录和信用信息公示制度，形成奖优罚劣的评价机制。建立不文明游客档案和游客不文明信息通报制度，引导游客文明出行。

绿色崛起，打造宜居、宜游、宜业生态资源环境。坚持"共抓大保护，不搞大开发"理念，实施绿色永定"先导工程"三年行动计划，全面推进"六城同创"和农村环境综合整治，全面落实"河长制"，抓好涉大鲵保护区小水电站整改，实现 23 座小水电站整体退出；澧水干流出入

境水质稳定达到Ⅱ类标准；2019 年空气质量优良天数 337 天、优良率达 92.8%，创建国家卫生城市顺利通过初检。

智慧旅游，构建完备的现代旅游信息服务体系。积极推进"互联网 + 旅游"，引导旅游电子商务发展，加强旅游标识信息、线上旅游服务、智慧旅游系统三大旅游信息服务工程建设，打造全域旅游信息服务系统。建立健全旅游信息调查与发布制度、假日旅游预报制度、旅游预警制度、重大事故应急处置制度，完善旅游信息管理、服务和标准体系，推进张家界"智慧旅游"建设。推动智慧旅游系统设施建设，5G 在主城区实现全覆盖，建成 389 个 4G 基站实现公共场所、景区景点免费 Wi–Fi、通信信号、在线预订、信息推送、投诉反馈等功能实现全覆盖全支持。

网上旅游，减轻新冠肺炎疫情冲击。针对新冠肺炎疫情，开展"张家界旅游网红"直播活动 132 次，直播时长 389 小时，累计观看 2547 万人次，乡村"最美春景"打卡擂台赛活动，得到《人民日报》客户端、学习强国、《中国日报》等国家级媒体推介，活动累计阅读、评论、转载超 1.5 亿次。完成了永定区城市名片、8 个 A 级景区、12 条精品线路、58 个精品景点、180 家旅行社、30 家酒店及民俗的推介，实现游客在家游永定。

（二）做好全域旅游项目规划，切实抓好旅游项目建设

高位谋划，强化政策保障。坚持规划先行，多规合一，投入 4000 余万元编制旅游总体规划、土地利用规划、村庄规划、新型城镇规划和乡村振兴规划。出台财税、土地、招商引资等系列政策，2016 年以来，财政预算旅游发展专项资金达 3.6502 亿元，实现旅游项目供给土地 16 宗 746 亩。

推进全域旅游发展，提升核心竞争力。加快构建"一核两翼四带"的全域旅游格局。做强"一核"：启动实施一批承载能力强、辐射能力广的重大项目，提升中心城区旅游综合服务能力。开工建设俄罗斯马戏城、陈家溪综合整治暨韩国城等项目，力争市民文化广场、桥丰斗牛场建成使用，力争张家界文化村建成营业，着力推进沙堤高铁新城建设，构建武陵源到中心城区绿色走廊，进一步加快大庸古城、吃遍中国、宁邦国际广场、丝路荷花国际文化旅游城、旅游商品产业园、沙堤特色旅游商住小区、汽车特技表演等项目建设进程。整体推进南门口、仙人溪、陈

家溪、半边街、甘溪桥头、凤湾桥头、白马泉等特色文化街区建设。做大"两翼"：按照"五山一体错位发展"的思路，建好天门山省级服务业示范聚集区，建设天门山电影小镇、红河谷、崇山、天伦养生项目，加快推进七星山项目，力争启动观音山、熊壁岩项目的策划、包装和招商工作，开工建设崇山文化旅游项目，强力推进天门山文化旅游产业园区建设，加快大坪国际旅游度假区项目建设，开工建设七星山旅游区、七星山观光小火车、七星山上山公路、天门山双峡文化旅游度假村、天门仙境小镇等项目，加大熊壁岩、崇山项目招商引资力度，着力将天门山南麓打造成国际山岳高端旅游休闲度假区。大力推进西线旅游区建设，完成天泉山国家森林公园旅游度假区详细规划编制，加快公园范围内搬迁进度；力争平湖游码头、迴龙幻影、温塘特色风情镇开工建设，加快垦王古寨、龙凤旅游梯田建设进度，提质改造茅岩河漂流起始码头，加大槟榔谷招商引资力度。建立全域旅游标识体系，完善交通、公厕、停车场、购物商场等中英文对照引导标识牌。加大茅岩河漂流、平湖游营销力度，积极整合温塘温泉、天泉山、槟榔谷、龙凤梯田等西线旅游资源，做强西线旅游品牌，使其成为助推旅游经济腾飞的重要增长极。做精"四带"：以湖南省大湘西生态文化旅游精品线路建设和22个中国传统村落建设为契机，大力推进民族村寨、休闲度假、户外运动、生态民宿4条乡村旅游精品带建设。继续加大乡村旅游引导资金投入，加快完善标识标牌、游道、游客服务中心、旅游厕所、生态停车场等乡村旅游基础设施，重点建设6~10个乡村旅游点，以点带面，支持沿线群众发展特色种植、特色养殖、特色手工产品等乡村旅游业态，鼓励垂钓餐饮、农家乐、民俗客栈等乡村旅游服务项目加快发展，加大对古建筑、古村寨及乡风民俗的保护力度，开发一定数量的民俗文化演艺节目，积极探索全域旅游乡村发展新模式，力争成功创建一批乡村旅游示范点。

厚积薄发，提升主客共享城市公共服务水平。着力构建便捷高效、快进漫游的综合交通体系，荷花机场通航城市达42个，黔张常高铁全面开通，长张、张花、张桑高速公路横贯东西，建成城市自助停车场15个。加快构建互联互通的旅游交通。切实推进张吉怀高铁、黔张常铁路等外部大交通建设，争取张官高速、三王公路取得实质性进展。以"畅、安、舒、美"为目标，全面推进路长制改革，开展城市道路和农村公路环境综合整治。以旅游通道景观工程建设、旅游安全保障体系建设为重点，做好主要景区、旅游干线民居风貌的景观化改造，完善旅游公路沿线环境卫生设施，打造整洁有序、生态环保的旅游公路景观。优化整合交通运力，抓好城乡客运一体化改革省级示范区创建，加快构建方便快捷的城乡客运一体化体系。着力构建设施齐全、服务优质的旅游综合服务体系，建成 4 个旅游集散中心，完善 197 个旅游标识，新建 85 座"旅游厕所"。

（三）做好旅游品质升级，加强旅游品牌营销宣传

转型升级，完善多种业态融合全域供给体系。着力构建功能完善、业态丰富的旅游功能区，2016 年以来，铺排项目 388 个，完成投资 321.92 亿元，开工建设七星山等一批重大战略项目，落地运营碧桂园凤凰酒店综合度假区项目、丝路国际旅游文化产业园。投入 5 亿元完成天门山 3S 索道等 5 个项目建设。着力优化布局、丰富旅游要素，市内新建澧水风貌观光带、南门口步行街等特色餐饮街区，全区拥有 2 家五星级酒店、2 家四星级酒店，3000 多家酒店、客栈、民宿。《天门狐仙·刘海砍樵》被中外游人誉为"中国山水百老汇"。着力推动旅游带动，推行"旅游+"模式，"张家界莓茶、菊花芯柚、古庸贡米"三大公用品牌不断做大做强，张家界莓茶种植面积 8.1 万亩，综合产值达到 12.7 亿元。

精心策划，创造国内外旅游品牌营销新传奇。策划、举办知名活动，永定以"全时、全景、全域、全媒体"营销思维，成功策划、举办飞机穿越天门、法国蜘蛛人徒手攀爬天门洞、极限挑战坡度高空钢丝、冰冻活人、翼装飞行世锦赛等系列活动。翼装飞行世锦赛被美国《时代周刊》评为"全球最棒的 25 项重大发明"，永定创新营销及传播效果成为外地学习追赶的榜样。2018 年永定区成为央视《东西南北贺新春》全国 4 个举办地之一，2019 年 6 月永定区成为央视《书记说文旅》全国 10 县区采访地之一，10 月成功举办第十九届张家界国际森林保护节。打造全域旅游知名品牌。提炼"苏木绰"文化内涵，将其打造成具有较强冲击力和市场感召力的形象标识。整合旅游宣传资源，引导重点企业积极参与，在对外宣传活动中统一使用永定旅游标识，形成全域旅游宣传合力。开通城市旅游短信欢迎平台，加强旅游形象策划和宣传推介。

融合发展，促进旅游与农业、工业相结合。加快推动旅游融合发展。

推进旅游与农业融合，加快发展乡村旅游、新型农业体验游，支持农家乐、家庭农场发展壮大，积极培育推动王家坪剁辣椒、土家腊味等特色农产品。推进旅游与工业融合，加快发展旅游商品经济，支持旅典文化、绣云刺绣、砂石画等旅游商品企业做大做强。推进旅游与文化融合，深度挖掘地域和民俗文化，加快推进朝天山道教文化项目建设，提升《天门狐仙·新刘海砍樵》节目品质，打造高品质旅游演艺产品。推进旅游与其他服务业融合，丰富完善住宿、餐饮、物流等旅游元素，加快养生养老、特色医疗、美容保健、会议展销、体育健身等服务业发展。加快建设旅游商品产业园。坚持把旅游商品产业园作为旅游与工业、农业、服务业融合发展的重要平台来打造。按照"小企业、大产业，小商品、大集群"发展路子，尽快建成集民族工艺品、旅游商品研发生产、展示销售及文化风情演绎、休闲度假体验于一体的旅游商品产业园区，形成大湘西地区旅游商品集散地。争取到 2021 年，园区产值达 10 亿元，缴纳税收上亿元。

（四）以旅游带动乡村振兴，以旅游促进农民扶贫

谋划全域旅游对接乡村振兴。在全省县级层面率先出台《永定区乡村振兴战略纲要暨"三创五美"行动方案》，助推全域旅游加快发展。

推动旅游扶贫"三带"模式。实施旅游企业（景区）带贫困村行动计划，开展"百企联村"行动，打造"一乡一业、一村一品"特色产业；实施致富能人（合作社）带贫困群众行动计划，鼓励带头从事旅游扶贫的企业法人或致富能人，吸纳贫困群众深度参与，探索出了"资源变资产、资金变股金、农民变股东"的旅游扶贫开发模式；实施贫困户创业致富行动计划，通过财政扶贫资金补助、扶贫小额信贷、生产直补、以奖代投等方式鼓励和扶持发展"农家乐"、特色民宿、种养基地及开发旅游产品，创建一批旅游扶贫创新项目。

四、永定区构建现代化产业体系存在的问题

（一）三次产业结构调整难度大

截至 2019 年，永定区三次产业结构比为 9.5∶14.9∶75.6，不仅落后于省内外发达地区，与本区 2020 年的目标值 6.4∶24.1∶69.5 相比，也面临较大的调整压力。主要原因在于，永定区工业散、小、弱的局面没有

大的改观，拉伸这条"短腿"的任务还比较重。

（二）产业升级支撑能力不足

永定区不仅面临三大产业发展不平衡问题，在各产业内部也存在创新驱动能力偏弱，对产业升级的支撑能力不足的情况。农业存在基础薄弱、特色不明显、亮点不多的问题；工业存在对经济增长贡献率不大、"短腿"局面尚未改变的问题；旅游业虽一枝独秀，但存在结构单一、高端产品缺乏、消费水平不高等问题。

（三）科技创新的要素投入支持力度较弱

无论从人才资源还是科技经费投入来看，永定区资源禀赋对科技创新的支持力度均较弱。一方面，本地缺乏高科技产业，以及高水平高等院校和研究所机构，科技人才严重短缺，创新能力不足；另一方面，作为后发赶超地区，永定区财政收入较低，科技经费投入严重不足，2019投入资金为1.1亿元，2020年投入资金也小于2.1亿元。

（四）项目建设推进慢

项目建设是政府工作的重要抓手，达到增强创新动能、调整经济结构的政策目标需要通过一批科技水平高、市场前景好的项目来推进。然而目前永定区存在项目建设缓慢的问题。一方面，由于永定区承担生态保护任务，受大鲵保护区、占补平衡和增减挂钩等政策影响，永定区区项目环评前期审查更为严格，项目用地、调规难度大；另一方面，在政府服务层面上，部分职能部门改革创新、破解难题意识不强，主动服务、超前服务、精准服务意识差，项目建设推动缓慢。

五、永定区构建现代化产业体系的对策建议

党的十九届五中全会提出，加快发展现代产业体系，推动经济体系优化升级。按照全会的部署和要求，结合发展实际情况，永定区应当围绕张家界旅游品牌优势，坚定不移推进产业基础高级化、产业链现代化，提高经济质量效益和核心竞争力，着力提升产业链供应链现代化水平，加快发展现代服务业，统筹推进基础设施建设，加快数字化发展。为此，本书提出了以下政策建议：

（一）加快产业优化升级，促进产业融合发展

2020年上半年，新冠肺炎疫情严重打击了张家界的旅游业以及相应

的工、农产品销售。疫情防控进入常态化后，张家界旅游逐渐恢复。疫情也给张家界旅游发展带来反思，即经济发展依赖线下旅游和销售具有一定风险。张家界永定区要推进产业链现代化，必须利用互联网，注重开发线上资源，将张家界的农产品和加工品通过线上推向全国。

深入推进一、二、三产业融合发展，不断提升区域经济的核心竞争力。坚持以旅带农，做特、做强现代农业。以创建国家级农业科技园区为契机，加快特色农业产业优化升级，创建一批特色农产品品牌，重点发展茅岩莓茶、菊花芯柚、猕猴桃、七星椒等特色产品，形成具有永定特色的"拳头"品牌；按照"公司＋基地＋农户"的模式，加大扶持力度，建设一批有规模、上档次的示范基地，同时将绿航果业、茅岩莓、仙踪林等培育成"叫得响"的龙头企业；大力推进"互联网＋农业"，整合涉农信息资源，构建病虫害预测预警、质量安全追溯、农产品供求信息服务等为一体的智慧农业综合服务平台，让农产品产得出、销得好、食得安全。坚持以旅带工，做"优"做大新型工业。加快旅游商品产业园建设，扶持具有地方和民族特色的旅游食品、旅游保健品、旅游工艺品、旅游文化用品、旅游装备和民族服饰的开发和制作，重点开发腊味系列、保健品系列等产品；积极配合市科技工业园，加快园区内基础设施建设，重点推进生物医药、新材料、玻璃工艺品等新型工业发展，促进五倍子产业集群化。

（二）发挥旅游业对经济增长的带动作用，做活做强现代服务业

着力推进"一核两翼多带"旅游空间布局，加快城市提质升级，着力推进大庸古城、大成俄罗斯马戏城、华家班赛车特技表演馆、仙人溪特色街区、热水坑温泉度假村等重点项目。加快天门山先导区和西线旅游开发进程，加快建设七星山旅游度假区、天门山二期、天门山双峡湖度假区、天门仙境小镇，开工建设崇山文化旅游项目，着力将天门山南麓打造成国际山岳高端旅游休闲度假区；大力推进西线旅游度假区建设，抓好茅岩河漂流项目提质升级，加快推进天泉山、龙凤梯田、槟榔谷、平湖游等项目，力争早日将茅岩河景区建成5A级景区。做优做强乡村旅游，加快"苏木绰"文化旅游项目开发，启动张家界大瀑布、罗峰山观光度假、红河谷康养游生态园等项目建设，加快建设尹家溪红石林—长茂山—教字垭牛角洞—沙堤包公山沿线旅游休闲观光带，提质七星山、

崇山、熊壁岩等户外运动乡村旅游产品。依托旅游核心服务区，推进研发设计、供应链管理等生产性服务公共平台建设，加快建设电子商务公共服务中心，整合乡村站点服务功能，完善农村站点建设，发展壮大现代物流、节能环保、电子商务、服务外包等生产性服务业。加快推进天门山电影小镇、义乌国际商贸城、张家界农特产品中心等服务业项目，推动生活性服务业向便利化、精细化、品质化提升。大力培育现代金融、交通运输、住宿餐饮等现代服务业，不断培育新的经济增长点。

（三）强化技术人才保障，为产业发展提供智力支持

以引进创业创新型人才为重点，从全国重点高校和科研基地引进一批高技能人才、企业经营管理人才、文化旅游创意人才。鼓励机关事业单位和企业探索完善符合本部门、本行业需要的人才培养机制，逐步形成全方位、多层次、与经济社会发展相适应的人才培养引进体系。

培养农村新型农民，吸引年轻人回农村就业。委托湖南和四川等周边省份高校，对农民开展互联网销售、市场营销等职业培训。

（四）围绕张家界旅游品牌，做好"互联网＋农户"模式

互联网已成为特色农产品销售的重要渠道。张家界具有享誉世界的知名度，而且农业生产环境无工业污染，具有打造有机农业和绿色农业的先天优势。永定区应打好张家界的品牌效应，利用互联网销售特色农产品，打造一批富民农产品。

（五）做好生态环境保护工作，推进绿色低碳经济发展

牢固树立"绿水青山就是金山银山"发展理念。加强水土保持，抓好国家水土保持重点工程马头溪和土木溪小流域治理。深入推进农村环境综合整治，实施农村垃圾集中收运。严格天门山、天泉山国家森林公园生态空间管制，加强重点生态功能区保护。把加强能源资源节约和生态环境保护放在更加突出的位置，稳步推进污染减排工作，突出抓好工程减排、结构减排和管理减排三项任务。大力发展循环经济，积极培育发展高新技术产业和新兴产业，推广应用装配式建筑。抓好低碳城市建设，推动公共机构落实节能措施。发展绿色农业，抓好农业面源污染治理，实施农业生产清洁、农村生活环境净化、农民生态文明提升三大工程。倡导绿色生产生活方式，积极引导消费模式向绿色、健康方向转变。

（六）发挥项目建设产业政策抓手作用，积极推进项目建设进展

项目建设是推动永定区经济社会发展的最大引擎。明确具体的项目责任部门，制定具体的实现路径，分批分年度加快推进，对符合国家产业政策、财政资金支持方向的项目，限时做好规划选址、土地报批、环境评估以及社会风险评估等工作，并重点进行调度、全程跟踪服务，促进项目早开工、早建成、早受益。对经济社会发展影响较大的社会投资项目，要进一步做实做细项目前期工作，通过参加"沪洽周""湘商大会"等重大招商活动，引进大企业、大财团、行业翘楚等投资建设。

第三节　桑植县产业现代化路径研究

一、桑植县农业现代化路径与取得的成效

"十三五"时期，桑植县政府采取多种措施促进农业生产，地区农业生产规模不断扩大。图2-11描绘了2015年到2019年桑植县农、林、牧、渔业增加值、第一产业增加值和农、林、牧、渔业总产值的增长情况①。可以看出，桑植县各项农业规模数据增长明显，桑植县农、林、牧、渔业增加值从2015年的9.49亿元增加到2019年的14.02亿元。与此同时，2019年桑植县第一产业增加值达到13.78亿元，相较于2015年提高了4.48亿元。2019年第一产业增加值增长速度最快，相比2018年增长了22.2%。2019年桑植县农、林、牧、渔业总产值已达到22.08亿元，相较于2015年增长了将近7亿元，增长率达到42.8%。另外，农业产业对桑植县生产增加值的贡献不断提高，第一产业增加值比重从2015年的12.6%提高到2019年的14.1%。

为了促进当地农业生产和农村发展，"十三五"时期桑植县地方政府主要采取了以下措施：

第一，注重农产品安全监管能力。严抓检测执法，每年开展多次农产品农药残留抽样检测；联合工商、质监等部门多次开展农资市场整顿，检查生产经营企业和农资经营门店。2016年建立了县、乡、村"三级"

---

① 农、林、牧、渔业总产值包括农、林、牧、渔产值以及农、林、牧、渔服务业产值，第一产业产值不包括农、林、牧、渔服务业产值。

农产品质量安全监管网络，在 23 个乡镇农产品检测机构配置了检测设备，10 个乡镇实现了农残检测仪器与县联网。2017 年在全市率先获得双认证资格，建立"四个最严"农产品质量安全治理体系，全县农产品质量安全事故零发生。2019 年加快农产品质量安全追溯体系建设，建立健全农业绿色生产技术体系、农产品安全标准体系和监管体系。

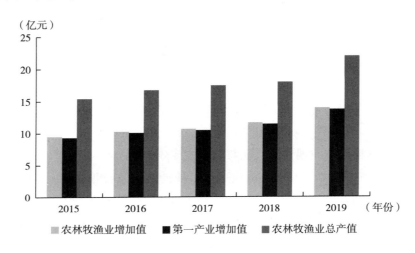

（亿元）

图 2 - 11   2015 ～ 2019 年桑植县农业生产规模情况

资料来源：笔者根据 2015 ～ 2019 年《桑植县经济社会发展统计公报》以及《政府工作报告》数据整理得来。

第二，利用高科技、机械化助力农业发展。大力推广新品种、新技术，2015 年桑植县开展了玉米、水稻品种区域试验示范，推广了马铃薯新品种和农业实用新技术，兴办了一批科技示范样板。以"核心辐射周围"的模式创建了三个示范片场地。另外，桑植县还开展了科技下乡宣传、办点示范、现场演示培训等活动进行新品种、新技术的推广。为培育新型经营主体展开针对性的科技培训，湖南省农科院桑植专家团专家在桑植县开办技术培训班，对专业合作社和种养大户进行了培训与深层次交流，就桑植产业举办规模型的发展论坛。

第三，坚持发展生态农业。2019 年桑植县推广商品有机肥 7.6 万亩、水肥一体化技术 0.2 万亩、高效新型肥料 3.28 万亩，完成绿肥还田（地）5.1 万亩，做好农作物秸秆禁烧和综合利用工作。全面推进畜禽养殖污染治理，提高规模养殖场配套设施率以及粪污资源化利用率。2019

年注重防控非洲猪瘟、草地贪夜蛾等重大动植物疫病，完成春秋季动物集中免疫工作。

第四，农业助力脱贫攻坚。桑植县选择有绿色产业基地、有特色农产品的贫困村，利用电商平台，鼓励市场经营主体参与脱贫攻坚、美丽乡村建设，创建起"电商＋合作社＋农户"的经营模式。农业扶贫主要包含四个渠道：一是驻村帮扶，派驻工作队，驻扎在贫困村，推进完成各项帮扶任务；二是结队帮扶，将干部和建档立卡户进行结对；三是产业扶贫，初步形成了养蜂、茶叶、蔬菜、大鲵、中药材五大主导产业加特色产业，带动贫困对象脱贫增收的农业产业布局；四是光伏扶贫发电项目。

在多项政策支持下，桑植县主要农产品产量逐年提高，农业产业快速增长，农产品质量和品牌提升明显，农业现代化水平提高，农业扶贫效果显著。

农产品丰富多样，产出不断增长。桑植县充分落实以"桑植白茶"为主，发展蔬菜、特色产业中药材、烟叶、大鲵、蜂蜜等农产品的发展道路。表 2－4 列出了 2015 年到 2019 年桑植县主要农产品的生产情况。2015 年到 2019 年，全县茶叶由 4 万亩增加到 7.3 万亩，商品蔬菜由 6 万亩增加到 8.5 万亩，产烟由 9.5 万担减小到 5.88 万担，大鲵生产从 62 万尾达到 132 万尾。草本中药材从 2016 年的 1.228 万亩增加到 2019 年的 3.5 万亩，蜜蜂养殖由 3.55 万箱增加到 8.051 万箱，逐步形成"一村一品""一乡一品"产业格局。

表 2－4 2015～2019 年桑植县主要农产品生产情况

年份	茶叶/万亩	商品蔬菜/万亩	草本中药材/万亩	产烟/担	大鲵/万尾	蜜蜂/万箱
2015	4	6	—	9.5	62	—
2016	4.7	7.4	1.228	稳定烟叶面积4万亩	85.2	3.55
2017	5.8	8	1.8	5.8	100	6.55
2018	6.5	8.5	2.3	5.78	122	7.9
2019	7.3	8.5	3.5	5.88	132	8.05

资料来源：笔者根据 2015～2019 年《桑植县政府工作报告》数据整理得来。

农业经营主体稳定增长。表 2－5 列出了 2015 年到 2019 年桑植县重要农业经营主体的数量。截至 2019 年全县拥有 56 家市级龙头企业、专业合作社 536 家，相较于 2015 年分别增加了 21 家和 251 家。

表 2 – 5　2015～2019 年桑植县重要农业经营主体数量　　单位：家

年份	市级及以上农业产业化龙头企业	农民专业合作社
2015	35	285
2016	44	375
2017	50	422
2018	53	486
2019	56	536

资料来源：笔者根据 2015～2019 年《桑植县农业农村局工作总结》数据整理得来。

农产品品牌打造初步成形。桑植县着力发展蔬菜、茶叶、草食牲畜、大鲵、烟叶、中药材、蜂蜜等农业支柱产业，农产品的高质量保障了桑植县的品牌公信力。2015 年新认证有机食品 1 个，地理标志产品 1 个，全县有效"三品一标"农产品达 34 个。2016 年，"桑植萝卜"荣获国家地理标志认定，新增"桑植魔芋"地理标志商标注册 1 个。2017 年，成功推介"桑植白茶"品牌，成功注册了"郁澧香米"大米商标。2018 年，"桑植蜂蜜"获地标产品商标。桑植白茶在 2018 年农博会荣获"袁隆平特别奖"。2018 年，桑植县获批"湖南省中药材基地种植示范县"。2019 年"桑植白茶"登陆央视各大频道，在中国中部（湖南）农业博览会上举办桑植白茶专场推介会，签约订单 5700 万元。2019 年桑植县新认证绿色食品 8 个，大鲵产业被纳入"湖南省一县一特"名录，正在进行大鲵有机认证申报前期资料准备。

农业产业示范项目建设情况良好。2017 年，现代农业综合产业园、千亩蔬菜产业综合示范园、中药材产业园项目相继完成；基本形成八大公山镇大宗白茶产业园、人潮溪镇名优白茶产业带、洪家关乡休闲茶园片"一园一带一片"产业格局，创建一个桑植白茶特色农业省级示范园。2018 年，成功创建茶叶、蔬菜、大鲵、中药材 4 个省级现代农业产业示范园。成功申报大鲵产业为"一县一特"贫困县特色主导产业。成功申报湖南省优质农副产品供应基地示范片大鲵示范片和湖南省现代农业特色产业园大鲵省级示范园，已公示。成功招商湖南康尔佳中药材发展有限公司中药材建设项目，完成对接、基地考察、公司落地等工作。2019年，西莲茶叶等5个省级现代农业特色产业园加快推进。

农业扶贫效果显著。2016年，桑植县围绕贫困对象大力实施产业扶贫，通过直接帮扶、委托帮扶、股份合作等方式实行全方位带动，受益贫困人口达42092余人。2019年共带动贫困户10391户发展产业，建立了产业基地281个，实现贫困村产业扶持和利益联结全覆盖。2014～2019年共计完成产业扶贫项目建设1765个，投入资金49451.63万元。全县有产业发展能力和意愿的建档立卡贫困户均已得到产业扶持和利益联结，共计覆盖建档立卡贫困户29209户99153人。

二、桑植县工业绿色智能化升级路径与取得的成效

"十三五"时期，桑植县工业增加值大幅缩减。图2-12描绘了2015年到2019年桑植县工业增加值和工业增加值增长率。由图2-12可以看出，自2017年开始，工业增加值大幅下降。2015年工业增加值为13.25亿元，到2019年已下降至7.7亿元。与此同时，工业增加值占生产总值的比重也从2015年的17.90%降低到2019年的7.87%。

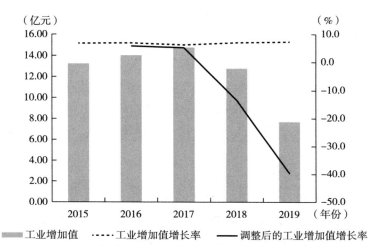

图2-12 2015～2019年桑植县工业增加值和工业增加值增长率

资料来源：笔者根据2015～2019年桑植县政府报告数据整理得来。其中工业增加值和工业增加值增长率为报告中原始数据，调整后的工业增加值增长率是笔者根据工业增加值数据计算得来的。

为了促进加快工业转型、加速建设高科技工业园区，"十三五"时期桑植县地方政府主要采取了以下措施：

第一，紧抓项目建设。2015 年，桑植县强力推进全县投资 500 万元以上的工业项目以及全市"320 工程"工业项目；开发整合优势资源，重点扶持优势工业企业发展。2018 年指导企业申报项目。认真研究项目，超前谋划，指导企业创造条件申报和包装项目，与上级主管部门对接，解决项目申报、实施、验收过程中的问题。

第二，打造科技创新升态。鼓励高校与企业合作进行科技研发。2015 鼓励企业与大专院校和科研院所联合协作，加大科研成果的研发、转化力度。2016 年，三木能源、大湘西、金鲩生物 3 家企业与湖南农大、吉首大学等高校、科研院所签订了产学研合作协议。2017 年积极引导企业建立科研开发机构，不断提高企业自主创新能力。积极申报科技项目。2017 年申报上级科技项目，加强工业企业的技术创新和转化应用。加快新产品的研制开发，加快适销对路新产品的开发，重点开发了一批高技术含量、高附加值、高市场占有率的高新技术产品。大力发展高新技术企业，对省认定的 2 家（张家界三木能源开发有限公司、张家界金鲩生物工程股份有限公司）高新技术企业，在科技项目、科技政策等方面给予倾斜照顾，使之进一步做大做强，真正成为全县高新技术企业发展的龙头。2019 年，为推动科技创新与经济、民生、文化深度融合，筹建"双创孵化基地"，支持"互联网＋产业发展＋综合服务"的新型业态，营造"大众创业、万众创新"的浓厚氛围。2019 年还设立了科技扶贫专家服务团，由科技副县长任团长，共计派驻县级、市级、省级科技人员 84 人进驻全县 124 个贫困村开展科技扶贫服务工作，科技人员联村帮扶覆盖率达到了 100%。

第三，推进节能减排，关注生态环境。对相关企业进行动态监督、检查。与桑梓发电厂、华新水泥（桑植）公司等重点能耗企业签订了《节能目标管理责任书》，实行重点监控、定期检查、定期通报能耗指标等措施。加大对企业实施清洁生产项目支持。2015 年加强对重点用能企业和行业的跟踪、指导和监督，推行清洁生产；加强新建项目管理，严格控制新上高能耗高污染项目；建立资源节约监督管理制度，对年耗能万吨标准煤以上重点企业开展节能监督检查，落实资源综合利用优惠政策。2016 年，逐级分解节能目标，对重点用能企业进行及时监测。2017年，成立了重点规模以上工业企业节能减排工作领导小组，实行重点监控、定期检查、定期通报能耗指标等措施；组织开展了节能宣传周和低碳日活动，深入企业大力宣传低碳节能生产方式，以及企业发展节能项目可享受的优惠政策，引导激励企业进行节能技术改造；加大对企业实施清洁生产项目支持，先后组织近百万元资金对张家界锦隆环保有限公司、桑植县康华有限公司、张家界焱煌食品有限公司等企业实施清洁生产项目。淘汰落后产能。2016 年已依法关停或取缔 5 座矿井（南岔、新生、梭罗溪、小溪、仗古山）。2017 年后关停了新一元公司和天子水泥两家企业。发展节能降耗技术，对使用企业发放补贴。2018 年，对华新水泥的余热发电、桑梓公司的脱硫技术改造、锦隆环保回收利用桑梓公司的粉煤灰等项目，给予了项目补贴，同时按照"135"行动计划的有关规定落实了奖励资金。围绕国家倡导的"十大节能工程项目"，积极争取国家资金支持，以高新技术和先进适用技术改造提升传统产业，提升工业节能降耗和资源综合利用水平。桑梓电机能效提升及锅炉风帽改造项目已投入生产。

第四，实施绿色产业布局，招商引资方向明确。2018 年，从绿色食品、生物医药、旅游特色工艺品、新型能源等领域进行产业布局，招商引资方向明确。2017 年签约了多个风电、光伏发电、光电科技项目。2018 年，把工业招商作为推进工业发展的重要抓手，重点利用风资源、水资源、光资源等开展产业项目招商。2018 年，举办了"第十四届（2018 年）中国粽子文化节暨张家界西线旅游（桑植）推介会"，吸引了200 多家全国粽子食品行业及关联企业参加，为推介桑植县粽叶生产、加工业和招商引资做出了一定贡献。2019 年，聚焦旅游融合、乡村振兴、产业升级等重点领域项目招商，全力以赴招大引强、招新引优。指导企业进行技术改造。2016 年，页岩气勘探、水电开发、风能发电、光伏发电等清洁能源项目取得实质性进展，初步形成了以清洁能源、农副产品加工、新型建材为主的新型工业体系。2019 年，积极引导华新水泥公司、广宇建材公司、澧水南源公司等企业进行技术改造，大力提升企业效益。

桑植县将招商引资作为工业园区发展的第一任务，重点围绕农副产品精深加工、生物医药、新型能源等新兴产业加大招商力度，推进园区产业发展实现转型升级。2017 年，新入园企业 15 家，工业招商引资 5000 万元以上项目企业 3 家。

第五，优化营商环境，做好企业扶持培育工作。2016 年，深入各乡（镇）摸排了 10 余家企业，了解生产情况，有针对性地扶持一批小微企业入规。2017 年，为桑梓公司、华新水泥、康华公司等企业解决了一些实际问题，推进南滩风能发电、空壳树乡、瑞塔铺镇周边区域 20 万千瓦风电开发等重要项目攻坚。2018 年，落实"135 行动计划"奖补措施。在小微企业入规、规模企业技改、培育过亿企业过程中，累计发放奖励资金 150 余万元。2019 年，深入企业走访，解决企业发展过程中实际问题；加强银企对接，协调张家界市融资担保集团为桑植县企业进行融资担保，使成长性好的企业获得资金支持。

第六，金融助力实体经济。2016 年，农村商业银行、农信担保平台挂牌营业，中国银行、华融湘江银行设立桑植支行，净增信贷投放 14.78 亿元，金融支持经济发展能力显著增强，桑植县成为湘西北地区首家省级金融安全区。争项引资、削赤减债工作进展顺利。2017 年，推进投融资体制改革，做大做强经投、老区投公司，组建交投、园投公司。深化商事制度改革，实施"多证合一"。与华彬集团等国际知名企业达成合作意向，累计签约项目 11 个，实际利用内资 10.89 亿元，增长 11.93%。全年争取中央和省投资项目 31 个，争取资金 3.72 亿元。2019 年，金融体制改革进一步增强发展能力，农信担保平台挂牌营业，农村商业银行即将挂牌，华融湘江银行获批设立桑植支行，全县存贷款余额达到 103.5 亿元、49.03 亿元，分别增长 32.12%、16.75%，净增信贷投放 7.04 亿元；启动投融资体制改革，政府性融资取得重大突破，争取到农发行政策性贷款 7.8 亿元，争取到重点项目建设基金 0.9 亿元。

在多项措施实施下，桑植县科技创新转型有序发展，绿色工业项目顺利开展，工业园区建设效果显著。

科技创新重点项目成功推进。2016 年有高新技术企业 13 家（其中国家级 2 家）。2017 年，成功申报了省、市级以上科技项目 8 项。桑植县承担的"以大鲵产业为主导产业申报科技成果转移转化示范县建设项目"已实施近一年，申请专利 4 件，研发新产品或新技术 2 项，引进推广新产品、新技术 2 项，经认定的技术合同成交额 1249 万元。2018 年，成功申报了 10 个科技项目，为企业争取到科技创新资金 420 万元。包括中央引导地方科技发展专项项目 4 个、市级产学研项目 2 个、市科技创新项目 4 个。2019 年，张家界普兰植物开发有限公司的"柚子废弃资源中柚皮苷的高值化技术研发及产业化"、张家界高山怡韵茶业有限公司的"青钱柳茶工艺研发及加工项目"、张家界金鲵生物工程股份有限公司的"大鲵健康高效养殖关键技术研发及产业化"、张家界知蜂谷生态蜂业有限责任公司的"知蜂谷中华蜂养殖示范基地建设"4 个项目入选张家界市 20 个重大科技创新项目。

科技创新平台建设初见成效。2018 年，桑植县申报的 3 个创新服务机构（桑植县新时代众创空间、有机桑植星创天地、万宝山农业科技创新星创天地）均获省科技厅认定。2019 年，张家界乡滋味农产品开发有限公司获批省级"星创天地"；筹建了桑植县"双创孵化基地"，统筹整合各方资金，引进先进一流的现代企业，开展全方位的创新创业，全力打造桑植特色产品，引导中小微企业做大做强，逐步形成全县科技创新、人才培育、产品推广、互联网＋产业发展＋综合服务的平台。

绿色工业开展顺利。2015 年发展了三木能源和金鲵生物科技等 4 家战略性新兴产业企业。2016 年，桑梓电机能效提升及锅炉风帽改造节能项目、龙源公司风能发电开发项目顺利开展。

招商引资效果显著。2019 年招商引资开展较好，全年签约项目 13 个，成功引进世界 500 强中信集团、正大集团，投资增速快、项目结构优、社会资本多、落地见效快的发展格局正在形成。2017 年工业招商引资 5000 万元以上项目企业 3 家。

网络服务平台助力工业。2015 年，督促企业建立电子商务平台，及时跟踪企业生产经营情况。2016 年，大湘西魔芋公司的"天下大湘西"、惊梦酒业公司的"竹制工艺品"等电子商务平台体系比较完备，其中大湘西魔芋公司的"万家电商、脱贫万家"电商平台订单最高达到了723 笔。

工业园区经济规模不断扩大，入园企业不断增加。2019 年入园企业达到 43 家，约为 2015 年的入园企业的 3 倍。2016 园区规模企业 10 家，2019 年园区内已有规模工业企业 21 家。从入园企业数量来看，工业园区实现了《桑植县工业园管理委员会 2015 年工作总结及 2016 年工作计划》

的"十三五"目标。从质量和效益来看，2015 年到 2019 年桑植县园区规模工业增加值在 2016 年达到最高，为 4.85 亿元，但 2019 年规模工业增加值仅 2.34 亿元。园区规模工业总产值也大幅减小，从 2015 年的 11.9 亿元（截至 11 月）缩小到 2019 年的 8.82 亿元（见图 2 - 13）。2015 ~ 2017 年园区工业增加值和工业总产值增长率均为正，但是 2018 年和 2019 年均变为负增长。

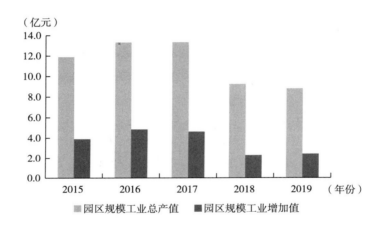

（亿元）

图 2 - 13　2015 ~ 2019 年桑植县园区规模工业总产值和增加值
资料来源：笔者根据 2015 ~ 2019 年桑植县工业园管理委员会工作总结数据整理得来。

三、桑植县旅游业质量提升与产业融合路径与取得的成效

"十三五"时期，桑植县旅游业继续保持高速增长。图 2 - 14 描绘了 2015 年到 2019 年桑植县旅游收入和接待国内外游客人数变化。2015 年，桑植县全县接待国内外游客 355.41 万人次。2018 年接待游客数量达到顶峰，共接待国内外游客 593.34 万人次，2019 年接待人数回落，全年接待游客 213 万人次（新统计口径）。2015 年到 2018 年，旅游收入保持高速增长，从 17.08 亿元增加到 31.86 亿元。2019 年，桑植县旅游收入减少，仅为 28.2 亿元。

桑植县旅游资源丰富。2019 年，桑植县被评为中国国家旅游最佳红色旅游目的地、湖南夏季避暑旅游目的地。桑植县拥有中国首批、湖南

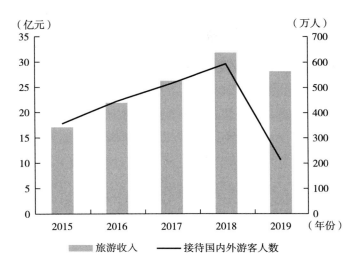

图 2 – 14　2015 ~ 2019 年桑植县旅游收入和接待国内外游客人数

资料来源：笔者根据 2015 ~ 2019 年桑植县经济社会发展统计公报数据整理得来。

省首个国家级自然保护区八大公山原始森林。1996 年，国务院批准建立张家界大鲵国家级自然保护区（14285 公顷），桑植县为张家界大鲵保护区的核心区。同时，桑植县还拥有峰峦溪国家森林公园 1 个，九天洞赤溪河、娄水 2 个省级风景名胜区。另外，距县城 80 千米的八大公山国家级自然保护区有 2.32 万公顷原始森林，区内野生动植物达 6400 余种，有珙桐、水杉、华南虎、云豹、大鲵、黑棕熊等珍稀动植物，被称作亚洲物种"基因库"，是科研、旅游、度假、疗养的胜地；位于桑植县城西南侧的峰峦溪国家森林公园由梅家山景区、西界景区、峰峦溪景区和九天洞、苦竹河景区组成，总面积 3.3 万余亩，森林覆盖率 86.6%，该地域呈现出显著的生物多样性，地貌景观奇特；距县城 17 千米的九天洞，被誉为"亚洲第一洞"，成为国际溶洞探险基地；澧水、金藏河风景区以原始风貌的独具特色吸引海内外游人；贺龙故居、贺龙纪念馆、"芙蓉龙"恐龙化石遗址、苦竹河古镇等人文景观闻名遐迩。

桑植县红色旅游资源丰富，是贺龙元帅故里、红二方面军长征出发地，也是湘鄂边、湘鄂西、湘鄂川黔根据地的中心地，贺龙故居、贺龙纪念馆和红二方面军长征出发地已先后被列入全国红色旅游精品名录。

为进一步开发和利用桑植县的旅游资源，助力脱贫和经济发展，桑植县政府采取了以下措施：

第一，不断增加旅游项目。2015 年，与市经投集团达成旅游资源合作开发协议，高标准规划西线旅游项目。刘洪景区建设顺利推进，洪家关"美丽乡村"项目基本完成，红二方面军长征出发地纪念馆建设完成前期工作，红二六军团司令部、芭茅溪盐局维修工程全面启动。2016 年，引进市经投集团直接经营投资，"让核心景区与桑植红色景区'景景'相连，让核心景区与桑植县城'景城'相融的构想"得以实现。2017 年，按照全域旅游的部署，重点推进"景区建设为核心，风情小镇为支撑，乡村旅游为补充"的层级体系建设，着力打造"红色旅游 + 民俗文化 + 自然生态"的复合多元品牌。九天峰峦景区建设全面启动，红二方面军长征出发地纪念馆开工建设，贺龙纪念馆晋升国家 4A 级景区，洪家关旅游区开园迎客，旅游产业融入"三星拱月，全域旅游"步伐加快。2019年建成马合口乡特色旅游风情小镇，打造马合口乡梭子丘村和刘家坪乡犀牛村 2 个市级以上美丽乡村示范村。

第二，大力丰富服务业态。2015 年继续实施"万村千乡市场"工程，新建（改造）乡镇农贸市场 5 个。促进商贸、餐饮等传统服务业蓬勃发展，加快推进电子商务、仓储物流等现代服务业。充分发挥高铁开通后带来的人流、物流、信息流，加快发展现代物流业，全力打造"形象独特、生态绿色、活力开放、科技智能"的产业新城。加强工业地产合作开发，加快建设孵化基地冷链仓库项目，完善城市公共配送体系。

通过打造更多精品旅游项目、提供更完备的服务生态措施，桑植县非物质文化遗产保护、利用情况良好，旅游经济产业蓬勃发展。

非物质文化遗产保护与传承工作开展顺利。参加了深圳国际文化产业博览交易会和益阳市首届非物质文化遗产博览会，其中桑植民歌展演、百根冰酒等项目受到了与会人员的一致好评。"陈洋盘的故事""打算棋""百根冰""桑植围鼓"4 个项目成功通过省级非物质文化遗产保护评审。

旅游经济圈成效显现。2015 年，瑞塔铺、洪家关、陈家河、官地坪等特色小城镇发展迅速，中心集镇承载能力、辐射范围明显提升。2018年，乡村旅游持续升温，梭子丘白族风情老街、犀牛村田园综合体开门迎客。2019 年，红二方面军长征出发地纪念馆被授予全国民族团结进步教育基地，贺龙纪念馆被评为全省首批红色教育基地，特别是湖南红色旅游文化节暨桑植民歌节的成功举办，"红色桑植、魅力帅乡"影响力不断扩大。"世界最大单体溶洞石柱"获世界纪录认证，陈家坪农耕研学、八大公山生态研学、梭子丘白族文化研学等乡村旅游深受市场青睐。百年育英红色教育培训基地、映山红酒店建成营业，先后成功承办市六运会、"薪火传承·中国健康跑""亚洲捷兔"慢跑、红营马拉松等文体活动，旅游与文化体育实现深度融合发展。2018年，九天峰峦景区正式营业，接待游客40万人次。受益于张家界西线旅游开发等有利因素，蜂蜜、魔芋、大鲵等特色产品销售量有所增加。2018年，5条旅游线路分别入选大湘西地区生态旅游精品线路和全省旅游扶贫线路。

专栏 2 - 1　洪家关白族乡旅游发展

洪家关白族乡是贺龙元帅的故乡、湖南省最大的白族聚集区。该乡地处桑植县城北部，距县城13千米，张家界市区54千米，省会长沙城区400千米。全乡总面积147.4平方千米，耕地面积21846亩，其中水田15501亩，旱地6345亩，森林覆盖率81.3%，辖23个行政村，318个村民小组，共8356户、3.44万人，有白族、土家族、壮族等少数民族，其中白族占70%以上。

近年来，洪家关白族乡不断推进丰富旅游景点、探索经济转型、打造发展升级版。辖区已建成以红色文化为主的贺龙纪念馆4A级风景旅游区，被评为全国30条红色旅游精品线路之一，是全国100个红色旅游经典景点之一，"全国民族体育先进乡"，中国民歌之乡。桑植白族杖鼓舞被列为国家级非物质文化遗产。已经初步形成以红色经典旅游为主导、白族民俗体验为特色、绿色田园风光为亮点的旅游综合体，年参观旅游人数达160万人次以上。

四、桑植县构建现代化产业体系面临的挑战

"十三五"时期，桑植县产业结构转型和经济发展取得了一定成就，但是由于政策约束、生产要素不足、基础设施不完善、政策支持不足等原因，构建现代化产业体系依旧面临诸多问题与挑战：

第一，工业不强且发展动力不足。2019年桑植县整体产业结构呈现"三一二"格局，第二产业增加值占比仅为15.2%，对经济增长贡献率为15.8%。产业发展尚未形成规模效益，农产品加工产业链短，附加值低。

龙头企业带动能力不强，经营主体规模偏小，市场开拓能力不强，产业链条不完善。水泥、能源等支柱企业产能利用率低，2017～2019 年多家规模以上企业因资金、安全、原料不足等问题处于半停产或停产状态。企业生产要素不足，能源、原材料价格高企，企业人工成本上升，企业盈利能力较低，内部流动资金和外部金融资金均不足，制约企业发展，大项目推进缓慢。受疫情影响，2020 年企业生产经营存在困难，重点项目没有实质性进展，工业经济运行主要数据下滑较为严重。

第二，企业科技创新不够，缺乏高技能人才。农业大多还是传统经营发展模式，科技转化力度小，投入少，缺乏加工技术人才和新产品的研究开发人才。农业缺乏主导品牌作为支撑，市场竞争力有所欠缺，社会影响力不够大。工业缺乏高层级的企业管理和技术研发人才投入科研，科技成果应用和新产品开发能力不强，产品技术含量低，企业拥有的专利不多，难以申报高新技术企业项目支持，全县高新技术企业仅 4 个。工业机器人、大数据、人工智能等新一代信息技术应用率较低，大多数企业依旧是劳动密集型，自动化水平较低。

第三，产业融合不足，没有形成联动效应。桑植县产业以旅游业为主，占比超过 70%，但经济带动效果有待进一步提升。目前游客旅行时间大多是以一日游为主，留在当地住宿的较少，对当地的住宿、餐饮等行业的拉动作用有限；另外，桑植县缺乏全国知名的、具有地理标志的旅游特色商品，具有地方特色的手工产品、农产品、民俗商品质量较低，产品加工较为粗糙，难以吸引游客注意力，刺激游客消费；区域内产品同质化较为严重，产品设计理念、品牌意识较低，附加值较低，难以带动地区的第一产业发展。

第四，交通基础设施不足，制约地区招商引资和旅游业发展。尽管 2017～2020 年，地方政府分类别、按年度地逐步完善地区公共交通基础设施和旅游基础设施，但仍存在较大的改善空间。张家界地处武汉、长沙和重庆之间，目前长沙到达张家界火车站最快的城际列车需要 3 小时；武汉到达张家界火车站没有直达列车，需要经转长沙，飞机只有一列航班；重庆到张家界只有普通列车，最快也需要 6 小时，飞机仅有早上 8 点一列航班。在全国高铁线路发达的今天，到达张家界的旅途时间依旧较长，交通方式可选择性较少。另外，在旅游公共基础设施上，高准的公共服务信息平台、智慧旅游平台、服务驿站、星级酒店、公共厕所等便民设施，在游客高峰时段仍显不足。

第五，环境保护工作依旧严峻。环境保护意识有待进一步加强，"一岗双责"落实还有不到位现象。大气环境质量改善压力仍然较大，大气环境保护基础工作比较滞后，尚未开展空气污染源解析工作，大气环境保护工作缺乏针对性和有效性。机动车逐年增多，黄标车淘汰进度落后，尾气排放超标，存在大气污染问题。城区居民、小餐饮店还有部分使用燃煤，很难全部取缔，造成大气污染。农村环境治理任务艰巨，农业生产普遍使用农药、化肥，农业结构性污染、农业面源污染问题比较突出。餐饮油烟污染较大，县域内餐饮店较多，规模普遍较小，分布广泛，很多餐饮店位于商住混杂区，部分餐饮店没有安装油烟净化装置。建筑施工管理不够规范，建筑行业污染比较严重。

第六，制度政策保障不足，营商环境有待改善。企业融资难，公司市场化改革进度慢、体量小，造血功能不强。工业园区改革任务重，管理体制改革、市场化经营管理改革、投融资体制改革等工作均需大力推进。由于已储备的优良土地少，可快速完成净土地出让的少，用地指标不能及时足额保障，导致项目土地要素保障不及时，影响投资商热情和信心，另外征地耗时长，法定程序多，项目落地难。"三大攻坚战"下的公共财政刚性支出较大，增长速度较快，地方公共财政保障能力跟不上。

五、桑植县构建现代化产业体系的政策建议

根据产业发展所依赖的资源禀赋、基础条件和面临的问题与挑战，桑植县宜继续按照县委县政府"旅游融合、产业扶贫、绿色发展"的决策部署，大力发展旅游业特别是红色旅游，继而带动相关产业逐步实现绿色现代化。

（一）着力发展以红色旅游为主导的现代旅游业

积极响应中央提出的建设长征国家文化公园的战略部署，继续主动对接张家界旅游，力争通过三至五年的努力，建成长征国家文化公园的重要节点、全国爱国主义教育重要基地、全国党性教育重要基地、全国红色研学重要基地，打造独具特色的"红色桑植"品牌，成为全国著名的红色旅游目的地。

一是继续按"一圈三区多点"①的思路优化红色旅游发展布局，逐步形成以红色文化旅游为主导，生态文化旅游与民俗文化旅游深度融合、交相辉映、丰富多彩的旅游产品体系，带动乡村振兴和全县经济社会转型发展。

二是以张家界红军体验园等红色旅游项目为重点，加快推进长征国家文化公园（桑植段）建设；加快推进洪家关龙凤塔红色培训基地项目等红色旅游重大招商项目落地；围绕本县丰富的红色文化、民俗文化资源，策划红色演艺项目，开发一批有代表性的红色旅游纪念品、工艺品、文创产品；围绕优势红色旅游资源，策划红色旅游景区、景点项目。

三是持续加大旅游宣传营销力度，包括加强与中央、省主流媒体合作，同时借助微博、微信、抖音等新媒体平台，讲好"贺帅精神""革命初心"等系列红色经典故事；积极组织举办主要客源地专题旅游推介会；对接市场需求，突出地域特色，举办一批在全国有影响力的红色旅游节会，提升桑植红色旅游辨识度。

（二）大力发展特色现代农业

一是围绕优势产业，扶持做大做强龙头企业。按照"扶持龙头企业、壮大产业基地、打造桑植品牌"的思路，围绕桑植白茶、粽叶、大鲵、蜂蜜、烟叶、生猪等优势产业，主动对接各种产业扶持政策，加大扶持力度，完善产业链条，带动一方产业发展，真正发挥龙头企业的带动作用。同时大力推行农业保险制度，积极防范和化解产业风险。

二是不断强化推进质量兴农战略。重点推进"桑植白茶""桑植蜂蜜""桑植萝卜"等一批名特优新农产品做大做强，创建"桑植粽叶"地理标志产品，着力打造"源来桑植"农产品公共区域品牌。加强品牌整合力度，通过茶博会、农博会以及农产品展销会等媒介积极宣传桑植品牌。同时加快农业绿色生产技术推广、农产品质量安全追溯、农产品安全标准体系和监管体系建设。

---

① "一圈"即围绕县城区—瑞塔铺红六军团长征出发地—刘家坪红二军团长征出发地—洪家关贺龙故居—利福塔高铁新区—赤溪河九天洞风景名胜区，加快构建核心旅游经济圈。"三区"即以核心旅游经济圈为中心，沿西北方向溯澧水而上，加快八大公山原始森林生态旅游度假区的开发建设；沿东北方向，积极开发建设溇水风景名胜区；沿武陵源核心景区，主动承接核心景区辐射带动，打造武陵源北部旅游经济区。"多点"即在全县范围内规划布局建设若干特色各异的乡村旅游区（点），带动旅游扶贫，助力乡村振兴。

三是加大科研投入力度，推进科技兴农。坚持科技强农，推动农业技术、信息技术、人工智能技术与农业生产、经营、管理、服务等环节深度融合。同时加大科研转化力度，进一步完善激励机制，解决好科研与生产"两张皮"的问题，并组织好技术指导服务工作。

（三）加快推进工业转型

桑植县的工业比较薄弱，需要因地制宜、循序渐进地发展。一是要进一步壮大农副产品精深加工和旅游商品两大特色产业，通过建立中小企业孵化基地、提供免费办公和加工场所、配套电子商务平台等方式鼓励以科技人员和大学生为主带动的大众创业，做大做强这两个特色产业。

二是以华新水泥（桑植）有限公司为中心，按"延链补链"模式推动水泥制造产业链升级。一方面应鼓励该公司充分吸收借鉴国内其他地区先进技术和经验，研发生产透水砖等新型建筑材料。另一方面可考虑扶持该企业拓展垃圾焚烧等项目，既延长了产业链，又能有效解决桑植县垃圾处理问题。

（四）加快基础设施和人居环境建设

一是加快构建内外交通体系，积极争取开工建设产业大道、瑞中、天泪、竹黄、定大等旅游等级公路，打通连接核心景区的直接通道；提质升级全县红色景区景点区间道路，优化环景区公交线路。

二是提升城市品质。围绕旅游服务，加快推进老旧小区改造；继续推进桑植民歌国际文化产业园等项目建设，增加老城区现代气息。加快推进大湘西中药材交易中心等市场平台建设，增强新城区商贸物流承载能力。深入推进污水管网、防涝工程、供水管网、天然气管网改造，继续实施"改造百巷、方便百姓"工程，完善城市基础配套。通过城区环卫市场化改革等措施，提升县城科学化、精细化、智慧化管理水平。

三是加快建设美丽乡村。继续实施农村人居环境整治行动，加强乡镇污水处理项目建设，积极引导农村改厕，推动农村环境整治、基础设施改善、村容村貌提升。严格生产、生活、生态空间开发管制界限，规范农村建房用地审批，有效遏制农村无序建房现象。大力推进生态文明建设示范乡镇、生态文明示范村、美丽乡村、森林乡村创建工作。

四是不断提升生态环境质量。全面贯彻"绿水青山就是金山银山"的理念，严格落实各项生态环境治理举措。继续统筹推进碧水守护、蓝天保卫、净土攻坚、大地增绿、城乡洁净"五大行动",全面落实"河长制""路长制"。严把环保审批关,坚决禁止高污染、高耗能及不符合国家产业政策的项目落地,严守生态环保底线。

（五）进一步优化营商环境

深入推进审批服务"四办"和"一件事一次办"改革,加快"互联网＋政务服务"建设,完成流程再造,实现"一窗受理、集成服务"。深化县乡财政体制改革,完善县、乡财政收入与经济发展协调增长机制,提升乡镇公共服务保障水平。发展壮大民营企业,抓好减税降费等惠企措施落地。支持"双创孵化基地"建设,引导金融机构加大支持企业发展力度。

第 三 章

大湘西地区产业现代化路径的思考

近年来，大湘西地区的经济社会发展取得了长足进步，特别是"一般制造业、农产品加工业、生态文化旅游、医养健康（中药材）等产业拥有良好的资源禀赋和发展基础"（国家发展和改革委员会，2018），但与发展现代产业体系的要求还有不小的差距，面临的问题较多，困难和挑战也比较艰巨。特别是随着疫情对全球经济的冲击以及国内外发展形势的变化，发展中的各种不确定性因素明显增多，大湘西地区实现产业现代化和高质量发展的压力也进一步增大。

尽管课题组仅对湘西自治州保靖县、永顺县和张家界市永定区、桑植县的产业现代化状况进行了调研，但这四个区县具有较好的代表性，基本能够反映大湘西地区其他区县的情况。因此，总结提炼这四个区县产业现代化的经验和面临的问题，有助于为整个大湘西地区的产业现代化提供参考和决策依据。

根据调研情况和相关材料分析，大湘西地区产业现代化的总体思路可概括如下：以"两山"理念为指导，以生态环保和资源效率改善为前提，以资源禀赋和优势产业为依托，以市场为导向，以项目建设为抓手，大力发展特色现代农业，培养壮大特色优势工业，做大、做强、做优以文化旅游业为主导的现代服务业，实现三产融合发展，推进产业结构优化升级，积极引进战略性新兴行业的领军企业和龙头企业，鼓励和扶持专精特新企业，坚决淘汰落后产能，夯实基础设施和公共服务体系，不断优化营商环境，建立人与自然和谐共生的现代产业体系。

第一节 深刻领会和贯彻落实"两山"理念

"两山理论"作为习近平生态文明思想的核心要义，为生态文明建设提供了方法论原则，为绿色发展指明了路径。但值得注意的是，一些地区干部群众对"两山理论"的理解不全面、不准确，影响了"两山理论"的贯彻落实。上述有关"两山理论"认识上的偏差亟待纠正，以使这一理论真正为广大干部群众所掌握，成为推动产业现代化的利器。

一、准确深刻理解"绿水青山就是金山银山"的科学内涵

要准确理解"绿水青山就是金山银山"，关键是要深刻理解"绿水青山"和"金山银山"的内涵以及两者间相互转化的方向与路径。

处于不同发展阶段的地区要从本地实际出发，找准"绿水青山"和"金山银山"相互转化的方向与路径。中国地域辽阔，区域间经济发展水平不均衡，在功能区划中承担的生态环境功能不同，"绿水青山"转变为"金山银山"的方向和路径自然也会有显著差异。有些地区（如大湘西地区）处于工业化的初级阶段，人均收入水平较低，同时这些地区又可能是全国或区域性重要生态屏障地区，辖区内的"绿水青山"大多处于尚未开发的原始状态。这些地区就适宜以生态保护为主，大力发展生态农业、特色农产品加工业和以旅游业为代表的现代服务业，循此路径将"绿水青山"转化为"金山银山"（经济上的富裕）。

大湘西地区要保持战略定力，正确认识本地区"绿水青山"衍生"金山银山"的速度与其他地区存在的差异。从现实情况来看，一些地区的"绿水青山"能快速转变为"金山银山"（经济上的富裕），另一些地区则可能要经过较长时间。产生上述现象的原因在于，不同地区"绿水青山"本身所包含的初始禀赋及其结构不同，如不同地区独特的地理位置、土壤、气候、矿产资源、旅游资源等，适合不同地区发展的产业也存在明显差异。如果与一个地区"绿水青山"所决定的比较优势相契合的产业具有经济附加值高、产业链长、生态环境友好的特点，且该地区正确选择了这样的产业，则该地区的"绿水青山"能够快速地转化为经济利益，带动地区产业和经济发展；反之，"绿水青山"则难以有效促进地区

经济发展。进一步地，"绿水青山"转变为"金山银山"的速度不仅取决于本地区主导产业与"绿水青山"的契合程度，也取决于本地区主导产业发展所需要的要素保障程度以及相应基础设施和制度环境的完善程度。

大湘西地区要牢固树立为民发展的理念，深刻把握"金山银山"的内涵。"金山银山"本质上是人民对美好生活的向往。党的十九大报告指出："人民美好生活需要日益广泛，不仅对物质文化生活提出了更高要求，而且在民主、法治、公平、正义、安全、环境等方面的要求日益增长。"我国经济已由高速增长阶段转向高质量发展阶段，生态文明建设已进入提供更多优质生态产品以满足人民日益增长的优美生态环境需要的攻坚期，也到了有条件、有能力解决生态环境突出问题的窗口期。"金山银山"不仅是经济上的富裕，也指生态上的富裕，即蕴含于"绿水青山"中的不可估量的生态价值、文化价值和精神价值。当人民更多地追求生态上的富裕时，"绿水青山"就等同于"金山银山"。此时，保护"绿水青山"就是满足人民需求，就是化解社会主要矛盾。反之，破坏"绿水青山"来换取经济富裕就是与人民的需求背道而驰，就是在加剧社会主要矛盾。

二、要全面理解"两山"之间的关系

"两山理论"的三个核心论点层层递进，应全面系统地理解，不能只择其一而不及其余。对于"两山理论"，不仅要认真理解"既要绿水青山，也要金山银山"，"绿水青山就是金山银山"，还应高度重视"宁要绿水青山，不要金山银山"。"既要绿水青山，也要金山银山"体现了唯物辩证法的两点论，"绿水青山就是金山银山"体现了唯物辩证法的统一论，而"宁要绿水青山，不要金山银山"体现的则是唯物辩证法的重点论。"宁要绿水青山，不要金山银山"强调在"绿水青山"和"金山银山"不可兼得的情形下，应以"绿水青山"为主，"金山银山"为次。

一方面，"绿水青山"蕴含着巨大、持续而无形的生产力，不能因为追求短期可见的"金山银山"而破坏"绿水青山"并丧失可持续发展能力。由于发展阶段和自然条件的限制，大湘西地区部分地域的绿水青山难以在短期内转变为金山银山，例如一些偏远山区由于道路交通受阻，难以发展旅游业，或者由于地形限制等，无法实现农业的规模化经营，

产业发展受限。这种情况下，就要强调"宁要绿水青山，不要金山银山"，坚决不以牺牲环境为代价去换取一时的经济增长，坚决不走"先污染后治理"的老路，坚决不以牺牲后代人的资源换取当代人的幸福。特别是对一些承担生态屏障功能的地区而言，其"绿色青山"的保护不仅关乎自身的生产力保护，也关乎整个地区的生态环境安全、可持续发展和生产力保护，更要强调"宁要绿水青山，不要金山银山"。"留得青山在，不怕没柴烧"，待经济和技术发展到一定水平，"绿水青山"必将有机会转化为金山银山。

另一方面，由于自然资源和生物资源的独特性、稀缺性和不可逆性，部分地区的环境价值、生态价值、研究价值更胜于经济价值。生态文明是人类文明的重要组成部分，诚如习近平同志所言，"生态兴则文明兴，生态衰则文明衰"。近年来国家层面所采取的划定生态保护红线、设立国家公园、设定自然保护区、退耕还林等一系列生态环境保护行动，就是对这一理念的生动诠释。大湘西地区对于具有上述价值的"绿色青山"必须要以保护为主，在不影响保护的前提下，把科学研究、教育、生产和旅游等活动有机地结合起来，使它的生态、社会和经济效益都得到充分展示。

第二节 推动产业结构绿色转型升级

一、大力发展特色现代农业

大湘西地区具有发展特色现代农业的良好基础。一方面，大湘西地区具有得天独厚的良好生态环境条件和气候条件，适宜发展特色农业。大湘西地区总体来说属于气候温润地带，雨量充足、空气质量高、土壤无污染、水质好，特别是不少地区接近原生态特征，是天然的有机农作物基地。同时，大湘西地区地形地貌和地质条件具有多样性，不同地区适宜不同的特色农作物的生长，不同地域易于培养自己的特色优势农业。另一方面，很多地区已经形成了一些自己具有较强竞争力的特色优势农业。其中一大批农产品都具有较高的知名度，例如湘西自治州的黄金茶、油茶、猕猴桃、柑橘和松柏大米，张家界市的莓茶、桑植白茶、菊花芯柚、蓝莓和黄桃，怀化市的新晃黄牛、黔阳冰糖橙、靖州杨梅、碣滩茶，邵阳市的武冈铜鹅、龙牙百合、雪峰蜜橘、宝庆朝天椒、洞口土猪，娄底市的紫鹊桥贡米、铁山杨梅、渠江薄片（茶叶）、东岭田鱼等。

不少研究者也都指出，特色农业对于大湘西地区的经济发展具有不可替代的作用（周向红等，2019），因而特色现代农业应成为大湘西地区的主导产业之一。大湘西地区各级地方政府应大力引进或培养特色农业领域的龙头企业，带动特色农业走上高质量发展道路；引导龙头企业与农民合作社和种植户之间形成良好的合作关系，发挥各自的作用，夯实特色农业的基础；加强与高等院校、科研院所的合作，大力引进先进农业技术，以创新引领特色农业发展；构建特色农业绿色循环发展产业链，提升特色农业生态经济效率；加强有机食品、绿色食品、无公害食品等特色农产品认证工作和标准体系建设（湖南省人民政府发展研究中心课题组，2015），创建更多名牌产品；以特色农业发展支撑特色农产品加工业和旅游业发展。

二、加快推进工业绿色现代化转型

大湘西地区工业基础比较薄弱，亟待发展壮大，但必须避免采取粗放式发展模式，而应向绿色现代化方向发展。

首先，要按精深发展、集约发展的思路，推动工业转型升级和高质量发展。一是从自身资源禀赋出发，依托特色农产品大力发展特色农副产品加工业，不断开发新产品、延伸产业链、提高附加值，并带动当地群众就业、脱贫、致富。二是着力对钢铁、有色金属、建材、化工等规模相对较大的传统工业加大技改投入，推进产业迈向精深加工阶段，通过强化节能减排、用地约束等机制倒逼其实施绿色化改造，坚决淘汰落后产能，继而提高这些产业的竞争力，并促进其高质量发展。三是因地制宜，积极培养战略性新兴产业，如中药材精深加工、生物医药、新能源、新型材料、废弃物资源化等行业。

其次，要按集聚发展、规模发展、关联发展、协同发展的思路，优化大湘西地区的工业布局。大湘西地区目前已经形成了湘西自治州中部资源型工业基地、怀化东部新材料工业基地、邵阳东部轻工业基地和娄底西部新能源基地四大工业基地（谢瑾岚，2016）。应按照强链补链延链的思路，引导相关产业向这四大工业基地集中，推动集聚效应的产生，从而形成大湘西地区工业的特色优势，并提升大湘西地区的工业竞争力。在工业向这四大工业基地集中的同时，要以争创国家级绿色园区为抓手，促进大湘西地区工业的园区化发展和绿色高质量发展。

最后，要主动对接国家重大区域发展战略，高标准引进优质工业项目，积极融入国内大循环、国际国内双循环新发展格局。大湘西地区对接成渝城市群、长株潭城市圈的节点地区，具有产业潜在增长极或发展轴的区位优势（杨子潞和张光慧，2018），同时该地区工业的优化升级离不开优质项目的引进和支撑。因此，大湘西地区要借助长江经济带发展战略、粤港澳大湾区发展战略、成渝地区双城经济圈发展战略的巨大势能，充分发挥好自身区位优势，利用好国家级产业转移示范基地这一无形资产，抓好项目库建设，加大招商引资力度。

三、以文旅融合发展带动三次产业大融合发展

大力推进文旅融合发展，尽快建成国家文旅融合发展示范区。大湘西地区不仅有十分丰富的自然风光等旅游资源，也有深厚的文化资源。建设文旅融合发展示范区是国家对大湘西地区提出的发展要求，但大湘西地区旅游业和文化产业"一强一弱"的现象一直比较突出（潘小刚，2013），文旅产业融合度较大（潘芬萍等，2017），因此大湘西地区亟待加强文旅融合发展。当前的主要矛盾是对文化资源的发掘不够，文化产业发展不充分。应充分挖掘大湘西地区红色文化资源，着力抓好国家长征公园湘西段建设工作；充分展示大湘西地区的特色民族文化，重点打造"神秘湘西""魅力大湘西"文化品牌（赵立平，2016）；充分展现大湘西地区悠久的历史文化底蕴，保护好文物古迹，推动古城、古镇、古村游；加强动漫、娱乐演艺、广播影视等现代文化产业发展。最终，使游客不仅能领略大湘西地区的自然风光，更能陶醉于大湘西地区的独特文化。

推动大湘西地区文旅产业区域协同发展。大湘西地区旅游知名度高，但旅游业发展不均衡，张家界市和湘西自治州旅游集聚度高，而其他地区旅游集聚度较低（何娟兰和刘慧，2020）。因此，大湘西地区在进一步巩固和提升张家界市和湘西自治州旅游品牌的同时，要逐步扩大其他地区的旅游知名度。各地区间要加强合作，推动旅游资源、信息共享，提

高服务质量和管理水平，共同谋划推出更多精品旅游路线，让游客愿意来、能多看、留得住，从而充分发挥旅游业对整个大湘西地区经济发展的拉动作用。同样，也要通过统一规划、创建合作平台、理顺体制、机制等途径，强化大湘西地区文化产业的协同发展（李成实，2014），继而推动文旅产业的区域协同和深度融合。

发挥文旅产业主导作用，推动三次产业大融合。一是以文旅产业发展带动现代服务业发展。在大力推进文旅产业发展的同时，大湘西地区还应努力发展好餐饮住宿业、交通运输业、物流业、批发零售业、租赁和商务服务业、金融业、房地产业、通信服务业、医疗保健业、居民服务等与文旅产业密切相关的配套服务业，以适应并满足游客不断升级的各类需求，也推动现代服务体系的完善和高质量发展。二是通过文旅产业大发展拉动农业和工业发展，如特色农业和相关农产品加工业、中药材加工、生物制药、工艺品加工等行业发展。三是通过劳动特色农业和工业发展，间接带动设计、咨询、科研等现代生产性服务业发展。

第三节　强化产业现代化支撑体系建设

一、加强基础设施和公共服务体系建设

便利的基础设施和完善的公共服务体系是经济发展的重要支撑，也是产业现代化的强大保障。特别是对于地理位置相对偏远的大湘西地区而言，基础设施和公共服务体系的提升对于其经济发展和产业体系优化更为重要，国家和湖南省应当在这方面对大湘西地区予以支持。

基础设施建设重在改善大湘西地区的通达性，提升城乡品质。一是进一步完善航空、铁路、公路立体交通网络。大湘西地区的航空运输可适当增加班次，提高航班时间便利性，扩大现有机场运力；铁路可考虑在已有线路上增加旅游专列线路，特别是增加高铁、动车等快速铁路建设；公路应着力提升区县间、景点间以及乡村道路建设。二是加强城市基础设施水平，提升城市物流、人流、信息流承载能力和智能管理水平。以公园城市理念加快推进城区外观改造；深入推进城市管网改造，完善城市基础配套设施，特别是在第五代移动通信、工业互联网、大数据中心等新基础设施建设方面不能落后。三是按城乡一体化原则，强化农村

基础设施，加快美丽乡村建设。加强农村地区环保、卫生、农田、水利、电力、天然气、通信、饮用水等各方面的基础设施建设，按"山水林田湖草"对农村人居环境进行系统整治，全面推进农村的绿色现代化。

在完善公共服务体系方面，重点是健全基本公共服务体系，即由政府主导，保障全体公民生存和发展基本需要与经济社会发展水平相适应的公共服务。根据 2017 年 3 月国务院印发的《"十三五"推进基本公共服务均等化规划》，基本公共服务包括公共教育、劳动就业创业、社会保险、医疗卫生、社会服务、住房保障、公共文化体育、残疾人服务八个领域的 81 个服务项目。如前所述，由于大湘西地区属于经济欠发达地区，自身能力有限，从解决发展不均衡的问题出发，国家和湖南省有关部门应当从财政上加大对大湘西地区公共服务体系建设的支持力度。同时，大湘西地区也应当学习借鉴其他地区建设公共服务体系的好经验，如积极引导社会力量参与公共服务体系建设，以弥补政府力量的不足，通过户籍制度改革等措施促进城乡基本公共服务均等化。

二、进一步优化营商环境

党的十九届五中全会提出，要加快转变政府职能，持续优化市场化、法治化、国际化营商环境。对于大湘西地区而言，尤其要重视优化市场化营商环境，关键是要厘清政府与市场之间的关系，充分发挥市场机制，加大简政降税减费力度，引导要素向有利于产业现代化的领域和方向流动。

其一，政府部门要提高政务服务的标准化、规范化、便利化水平，加强与区域内外各种行业协会、商会等中介结构、金融机构和科研机构的合作，为企业提供信息、咨询、法律、供需配对、技术等各类服务，更好地服务市场主体。

其二，对新产业新业态要开辟监管审批绿色通道，实施税费减免、财政补贴、信贷等优惠政策，促进要素快速向这些领域集聚，加快产业转型升级。

其三，加强区域间协同协作。一方面，大湘西地区各市、州要加强政府间合作，努力打破行政壁垒，力争区域间行政审批政策联动、改革同步，提升大湘西地区要素配置效率。另一方面，大湘西地区应加强与其他地区特别是经济发达地区间的合作平台建设，例如可通过利益共享机制发展"飞地经济",支持经济发达地区高新技术产业园区在大湘西地区设立分园。

三、加大要素和组织保障力度

除了良好的基础设施、公共服务体系、营商环境等基础条件外,产业现代化还需要两方面的保障。一是需要大量要素投入,为其提供动力;二是需要强有力的组织领导,确保产业体系向现代化方向迈进,而不是停滞不前或滑向相反的方向。

要通过完善体制机制,加大对产业现代化的要素保障力度。产业现代化离不开土地、资本、技术、人才等要素支撑。其一,大湘西地区多为自然生态保护区,经济发展所需土地资源相对稀缺,因而必须严格土地使用管理制度,使有限的土地优先用于支持现代产业发展。其二,大湘西地区财政基础较为薄弱,但应当将产业现代化列为财政支持优先领域;国家和湖南省设立的产业发展基金应加大对大湘西地区产业现代化项目的倾斜力度;同时还应通过体制机制创新,争取更多的社会资本投入产业现代化领域。其三,大湘西地区的技术水平和技术创新能力也相对较低,应通过加强知识产权保护等方式,争取从区域外获得更多的技术支撑,同时鼓励本地区企业、科研院所加大技术创新力度。其四,要加强同区域内外科研院所、培训机构的合作,制定有吸引力的人才引进优惠政策,完善人才评价制度,加大产业现代化人才队伍建设。此外,优良的生态环境质量也是很多高端产业的必要条件,因此大湘西地区还要进一步强化生态环境保护措施,改善生态环境质量。

与此同时,还要加强产业现代化的组织保障,以克服对以往粗放式产业发展路径的依赖,并发挥集中力量办大事的制度优势。一是要成立大湘西地区产业现代化领导小组,最好能够在省级层面成立这样的领导组织,以便统筹制定整个大湘西地区的产业现代化工作方案、行动计划和协调机制。二是加大政策支持力度,落实工作责任,并加强督促检查,确保产业现代化各项优惠政策执行到位,保证相关工作的有序推进和效率提升。三是要建立产业现代化评价和监测指标体系,以便及时掌握大湘西地区整体及各区域产业现代化进程,及时了解存在的问题,从而采取有效的应对措施。

附　录

附表1　永顺县"十四五"规划重大项目摸底表

项目名称	主要建设内容和规模	开工年份（年）	竣工年份（年）	"十四五"规划投资（亿元）
永顺老司城世界文化遗产公园项目	建设全国土司遗址保护中心、中国土司制度文化研究中心、中国土司文化展示中心、中国土司文化研究基地、教学研基地、民族文化传承体验基地、宗教文化传承基地、高峰湖旅游开发旅游基地等	2015	2025	45
永顺老司城景区通景隧道	县城吉恩高速连接线连洞至老司城通景隧道（连洞隧道建设2500米）、张花高速猛洞河收费站出入口服务区至老司城游客服务中心隧道（6000米）、隧道进出口接驳站、隧道亮化，给排水、电力、环保等配套服务设施，标识标牌，旅游智慧系统，旅游厕所等	2021	2023	10
永顺芙蓉镇景区提质改造项目	AAAAA创建、湘西北游客服务中心、营盘溪风光带建设、星级宾馆建设、夜芙蓉镇升级及相关配套设施建设	2020	2025	52
永顺老王村旅游拓展项目	游客服务中心、停车场、演艺中心、老王村石板街基础设施拓展、河道整治、亮化、高端民宿、土家特色展示中心等	2021	2025	10
永顺猛洞河漂流文化小镇建设	文化小镇路网基础设施建设、漂流文化产业园、猛洞河漂流产品提质升级、猛洞河大峡谷风光建设、猛洞河漂流培训学院及其他配套设施建设	2021	2025	50

项目名称	主要建设内容和规模	开工年份（年）	竣工年份（年）	"十四五"规划投资（亿元）
永顺不二门温泉森林康养文化小镇	温泉大道、不二门温泉提质改造、永顺府建设、水上乐园、温泉康养研究中心、禅休养生园、星级宾馆及其他相关配套设施	2021	2025	50
永顺湘鄂川黔革命根据地长征主题公园	湘鄂川黔革命根据地旧址保护、湘鄂川黔革命根据地干部管理学院、游客服务中心、红军生活体验园、十万坪大捷遗址开发、多仕坪兵工厂保护与开发、郭亮县政府旧址保护与开发	2021	2025	12
永顺湘西马拉河国际探险基地建设	马拉河景区创建国家 AAAA 级旅游景区提质升级，包括游客服务中心、入口广场、景区绿化、旅游厕所、游客安全救护措施及救护中心。新修入景区公路、游步道、户外探险探秘、驴友之家、房车自驾、新奇体验、溯溪活动等基础配套设施建设；洞潭水电站旅游工业示范园建设，学生科普基地，婚恋主题体验园、夏令营基地、野炊休闲体验区基础设施建设	2021	2025	15
永顺羊峰山高山度假休闲基地	游服中心、生态停车场、自驾游营地、观光缆车索道、游步道、旅游公路、高端民宿、高山滑雪基地、户外（青少年）营地体验区（拓展、攀岩、CS、丛林探险）、山地自行车、山地越野车、儿童欢乐足球、高山瑜伽广场、高山太极广场、高山极限滑草、音乐激光广场各 1 个、登山游道、高山露营、高山反季节蔬菜采摘体验园等	2021	2025	15
永顺杉木河森林康养基地	游服中心、生态停车场、民宿客栈、森林康养小木屋、游步道、观景台、环保公厕、户外丛林探险基地、婚庆主题体验园及其他配套设施	2021	2025	15
永顺方石岩旅游开发项目	景区道路基础设施、停车场、景区索道、宿营基地、民居保护与利用、游客服务中心及其他相关配套设施	2021	2025	20

项目名称	主要建设内容和规模	开工年份（年）	竣工年份（年）	"十四五"规划投资（亿元）
永顺火龙山温泉度假中心	温泉康养基础设施建设、游客服务中心、水上乐园、高端民宿及其他相关配套设施	2021	2025	10
永顺太平村生态旅游康养度假区	占地2700亩，建设刺激娱乐区、温泉客栈区、民俗商业街、峡谷生态带等；开发生态农业观光发展综合体项目	2021	2025	16
永顺县乡村旅游重点村建设	完成司城、西那、场坪、硕乐、小溪、双凤、咱河、洞坎、高坪、那必、塔卧居委会等15个乡村旅游重点村，建设游客服务中心、停车场、旅游厕所、游步道、标识标牌、民居改造等基础设施及配套服务设施	2018	2025	12
永顺县旅游酒店建设项目	县城溪州新城2座，县城南区1座，芙蓉镇2座，高铁新城1座星级旅游酒店	2021	2025	12
永顺县智慧旅游项目	加大芙蓉镇、猛洞河、老司城等景区"智慧旅游"建设，建设全县旅游大数据平台、咨询中心、指挥调度中心、电商平台，推动旅游在线服务、网络营销、网上预订、网上支付等服务。利用互联网、手机、平板上网终端扩大宣传营销范围，做好旅游信息发布，建立永顺旅游"大V微博号"、微信号、旅游门户网站。统一景区门禁系统，充分利用云端大数据的后台分析	2021	2025	3
永顺县特色旅游商品开发中心	依托县内丰富旅游资源，打造若干集设计、生产、展示销售于一体的综合性土家族特色旅游商品基地。确定以湘西腊味、富硒猕猴桃、永顺莓茶、松柏大米、颗砂贡米、湘西椪柑为优先发展的特色农产品，并进行系列产品开发。建设旅游商品设计研发中心、大型旅游商品加工生产基地，集生产、销售、展示于一体的综合性旅游商品批发市场	2023	2025	0.5

项目名称	主要建设内容和规模	开工年份（年）	竣工年份（年）	"十四五"规划投资（亿元）
永顺县猛洞河滨水休闲景观带	占地240亩，总投资1亿元。新建以下户外设施：木栈道、景观亭、观景亭廊、自行车道、婚庆主题建筑、亲水平台、景观吊桥等	2024	2027	3
永顺县文旅产业园	占地180亩，建筑面积12万平方米，总投资4亿元。建设客栈、工人文化馆、商业餐饮建筑、景观亭、酒店、公寓、广场等	2024	2028	5
永顺县民族风情园	建设土家建筑群、土家医药、土家文化体验区、民族客栈、传统手工艺作坊，非遗文化展演，占地1500亩	2021	2025	12

参考文献

［1］国家发展和改革委员会．湘南湘西承接产业转移示范区总体方案［R］．2018.

［2］何娟兰，刘慧．大湘西旅游产业集群测度与分析［J］．中国地名，2020（9）：51－52.

［3］湖南省人民政府发展研究中心课题组，李绍清．进一步扶持大湘西产业发展对策研究［J］．民族论坛，2015（8）：25－30.

［4］李成实．大湘西文化产业区域合作发展研究［J］．科技和产业，2014，14（9）：27－30，53.

［5］潘芬萍，蔡娇玲，王慧琴．大湘西文化旅游产业融合发展研究［J］．中国名城，2017（7）：48－55.

［6］潘小刚．如何看待推进大湘西文化旅游产业融合发展示范区建设［J］．新湘评论，2013（11）：17－18.

［7］谢瑾岚．新常态下贫困地区产业转型发展的驱动分析与战略选择——以大湘西地区为例［J］．求索，2016（8）：104－108.

［8］杨子潞，张光慧．产业价值链视角下生物医药产业集群发展研究——以大湘西地区为例［J］．吉林工商学院学报，2018，34（3）：24－27.

［9］赵立平．"大湘西"建成国家文化旅游产业示范区的战略构想［J］．湖南行政学院学报，2016（5）：52－54.

［10］周向红，周震虹，高阳．大湘西地区主导产业评价与选择研究［J］．经济地理，2020，40（7）：133－142.